KB063449

**현안
진단**
2019

현안
진단
2019

비핵화의 진통,
흔들리는 평화

평재리

여는 글

지난해 기대를 모았던 하노이 북미 2차 정상회담의 결렬은 우리 모두의 기대를 저버리는 결과였으며, 큰 충격으로 남았습니다. 김정은 위원장은 4월의 시정연설을 통해 연말까지를 협상 시한으로 못 박은 뒤 단거리 발사체를 통한 무력시위를 시작했습니다. 연말 시한이 지나면 '새로운 길'을 갈 것이라는 경고도 빼놓지 않았습니다. 트럼프 대통령은 미국에 대한 위협이 아니라며 이를 무시하는 전략으로 대응했지만, 북한은 수위를 높여 동창리에서 두 차례의 '중대한' 시험을 실시하고 성공을 공표했습니다. 동창리는 로켓과 관련된 시설이라는 점에서 북한의 이 같은 행동은 트럼프 대통령이 그어 놓은 레드라인, 즉 ICBM 발사를 암시하는 도전에 해당합니다.

하노이 북미 2차 정상회담 결렬 이후 북한은 우리에 대해서도 비난공세를 재개했으며, 남북관계 개선을 위한 대화와 합의 이행을 거부하는 모습을 보였습니다. 2019년 11월에는 김 위원장이 서해 창린도 해안포 사격을 현지 지도함으로써 9.19 남북 군사분야 합의를 정면으로 위반했습니다. 이어 금강산 현지 시찰에 나선 김 위원장이 남측 시설물 철거를 지시함으로써 남북관계의 상징인 금강산 관광사업도 존폐의 위기에 처했습니다.

2019년 12월 말 북한은 노동당 중앙위원회 제7기 5차 전원회의를 개최해 정면돌파를 선언하고 미국과의 협상에서 양보가 없을 것임을 천명했습니다. 충격적인 실제 행동과 새로운 전략무기 개발도 예고했습니다. 2019년 희망으로 시작된 한반도 평화프로세스는 북미 비핵화 협상과 남북관계 모두 가시적인 성과 도출에 한계를 보였습니다. 2018년 9월 백두산 천지에서 남북 양 정상이 어깨를 나란히 했던 감동은 이제 실망과 우려로 바뀌고 있습니다.

그러나 시각을 달리하여 역사의 큰 흐름을 짚어 보면 지난 2년 간 한반도 평화프로세스의 긍정적 측면이 축적되어 왔음을 부인할 수는 없습니다. 트럼프 대통령의 언급대로 북한의 ICBM발사와 핵실험은 중단되었습니다. 김 위원장은 은둔에서 벗어나 세계의 관심을 끌었으며, 북미 비핵화 협상을 통해 단계적 접근과 해결 방도에 대한 그들의 입장을 충분히 전달하였습니다. 한국은 한반도 비핵화 프로세스에서 일정한 외교적 공간을 확보했으며, 한반도 평화의 중요성에 대해 내외의 공감을 이루어 냈습니다.

문재인 대통령과 트럼프 대통령, 그리고 김 위원장 모

두 협상국면의 지속을 원하고 있다는 점도 고무적입니다. 북한이 시한으로 설정했던 2019년 말이 지났지만 우려했던 ICBM 발사와 핵실험 재개에 대한 직접적 언급은 없었고, 미국은 북한에 대해 압박을 심화시키기보다 북한이 완화된 태도로 대화에 나올 수 있도록 환경을 조성해 가고 있습니다.

북한과 같은 핵 물질과 운반수단 생산 일관체계를 갖춘 핵능력 국가에 대한 비핵화 사례는 사실상 전무합니다. 북한이 체제의 명운을 걸고 핵무기를 개발했다는 점에서 북미 비핵화 협상의 난항은 어느 정도 예견된 일이었습니다. 평화로 가는 길이 멀고도 험하다는 것은 역사의 교훈입니다. 한반도 비핵화를 위한 진통은 향후에도 반복될 개연성이 있습니다.

이제 차분히 지난해를 성찰하고, 2020년 한반도 평화 프로세스의 진전을 위한 우리의 의지를 다시 굳게 다질 때입니다. 북미 간 협상에만 매달리지 말고 한반도 비핵화를 위한 창의력 발휘에 진력할 때입니다. 한반도 평화가 올 것인가? 비핵화는 가능한가? 라는 소극적 질문을 과감히 버리고 평화 만들기와 남북관계 발전의 동력을 마련해 물길을 터야 합니다. 그 너머에 평화가 있고 우리의 안전과 번영이 있기 때문입니다. 우리는 한반도의 객체가 아니라 주체이며, 미래는 우리의 의지와 노력 여부에 달려 있습니다. 어떠한 경우에도 한반도 평화프로세스는 지속되어야 하며, 남북 간 대결과 갈등에 종지부를 찍고 화해와 협력의 관계로 나아가야 합니다.

　<평화재단>은 2019년 한반도 평화프로세스에 대한 기록과 평가를 담은 현안진단을 모아 책자로 엮었습니다. 한반도 평화프로세스의 현주소를 이해하고, 앞으로 우리가 무엇을 해야 할 것인가? 라는 과제를 새기면서 평화를 위한 힘과 지혜를 모으는 데 도움이 될 수 있기를 바랍니다. <평화재단>은 외교안보 분야의 건강한 집단지성으로서 현안진단을 통해 한반도 평화프로세스의 진전에 기여할 것을 약속드립니다. 조언과 질책을 통해 현안진단을 이끌어 주시는 독자 여러분께 감사드립니다.

평화재단 연구원장

차례

2019 북한,
비핵화에 속도전의 깃발을 들어라

알맹이 없는 신년사에 담긴 진정성

금년 북한의 신년사에는 주목할 만한 새로운 메시지가 없었다. 김정은 위원장의 서울 답방이 지연되고 북미 협상도 가시적 진전이 없는 상황에서 뭔가를 기대했던 내외 여론에는 실망일 수 있다.

알맹이는 최근에 김정은 위원장이 문재인 대통령과 트럼프 대통령에 보낸 친서에 담겨 있거나, 아니면 지금의 상황에서는 북한 자신보다 미국이 먼저 움직일 차례라고 판단했을 수도 있다. 북한의 정세 인식이 여전히 안이하다는 점이 드러나고 있다.

그러나 다분히 외부 시선을 의식하고 작성된 올해 신

년사에서 북한의 비핵화 의지에 대한 진정성을 알아달라는 절실함을 읽을 수 있다.

우선 텍스트가 과거의 거칠고 과대망상적인 수사와 문법에서 벗어나 온건하고 비호전적인 방향으로 바뀐 점이 주목된다.

첫째, 신년사 구호가 '강성대국'(김정일 시대), '강성국가'(2012-2017), '사회주의 강국'(2018)으로 변하더니 올해는 '자력갱생의 사회주의 건설'로 소박해졌다.

둘째, 작년의 성과로 군수공업부문은 무기가 아니라 농기계, 건설기계, 인민소비품등을 생산하여 인민 생활 향상을 추동했다고 평가하였다.

셋째, 금년도 과업을 제시하면서 '당과 대중의 혼연일체를 파괴하고 사회주의 제도를 침식하는 행위'에 대한 투쟁의 대상을 외부 적대세력의 반공화국 음모가 아닌 내부 관료주의와 부정부패로 들고 있다.

넷째, '핵무기를 만들지도 시험하지도 않으며 사용하지도 전파하지도 않을 것'이라는 부분은 비록 외부 세계에는 새로울 것이 없지만 김정은 위원장이 육성으로 북한 주민에게 공개 언급한 것은 처음이다.

신년사가 북한 전 주민의 연중 필수 학습물이란 점을 감안하면, 이는 비핵화 방향을 내부에 기정사실화한 것으로, 국제사회에 북한의 결단이 진정성 있다는 점을 보여주는 것이다. 방송의 화면 배경으로 노동당 중앙당사 내부를 공개한 것도 처음이다. 이것도 메시지의 진정성을 강화하는 장치의 하나로 볼 수 있다.

결국, 북한이 신년사의 이미지 형식과 텍스트 문법의 변화로 외부에 전하고 싶은 것은 비핵화 의지의 진정성에 대한 호소다. 즉, 당신(미국과 국제사회)들이 상대하고 있는 북한은 과거의 북한이 아니며, 우리(북한)는 협상에서 밀리지 않기 위해 밀고 당기는 노력은 하겠지만 상대를 속이거나 자신을 숨기지 않겠다는 것이다.

김정은 위원장은 핵 대신 경제발전에 총력을 기울이겠다는 다짐을 강력히 전달하고자 했다. '자력갱생의 기치높이 사회주의 건설의 진격로를 열어나가자'라며 '경제'라는 단어를 38차례나 사용했다. 신년사 이후 북한 주민들은 온통 경제과업 관철 결의 분위기로 넘쳐났다. 김정은 위원장의 최대 관심이 핵 개발과 국제사회와의 대결에 있지 않다는 증좌로 삼고자 한 것이다.

북한의 안이한 정세 판단

신년사에서는 북한이 협상에서 밀고 당기고 싶어 하는 몇 가지 새로운 아이템도 찾아볼 수 있다. 그런데 바로 이 지점에서 북한의 정세 판단이 여전히 안이하다는 점이 뚜렷하게 드러난다.

첫째, 금년 경제부문의 과제로 '원자력 발전능력을 조성'해 나가자고 언급한 부분이다. 스스로 핵 개발 중단을 선언했음에도 불구하고 핵의 평화적 이용이라는 명분으로 핵 개발 프로그램을 보존하겠다는 뜻이다. 북한의 원자력발전 문제는 흑연로든 경수로든 그 방식과 무관하게 핵 개발 의혹을 제공한 근본 원인이다. 이런 발전소를 갖추려면 비핵화가 진전되어 북한이 국제원자력기구(IAEA) 사찰을 받는 조건하에서만 가능한 문제라는 것이 국제사회의 공통된 인식이다.

둘째, 현 정전 체제를 평화체제로 전환하기 위한 다자협상도 적극적으로 추진하자는 언급이다. 명시하지는 않았지만, 중국을 염두에 둔 포석이다. 우리 정부도 중국의 참여를 반대하지는 않지만, 평화문제에서의 진전은 협상 틀보다는 비핵화 진전 여부가 관건이다.

셋째, 아무 전제조건이나 대가 없이 개성공단과 금강산 관광을 재개할 용의를 밝힌 점이다. 일각에서는 개성공단이나 금강산사업도 최근의 남북철도·도로 연결사업처럼 국제제재 하에서도 가능한 일이라고 낙관적으로 보고 있지만, 실질적인 재개를 위해서는 여하튼 비핵화 진전이 우선 선행되어야 한다.

결국, 북한이 제기한 새로운 주제들 모두 북한의 가시적 비핵화가 우선 요구된다. 그런데도 북한은 신년사 여러 곳에서 작년 이래 조성된 남북관계의 좋은 분위기를 놓치지 말아야 한다고 하면서, 정작 필요한 비핵화 진전을 위해서는 미국이 먼저 움직일 것을 요구하고 있다. 북한의 상황 인식은 여전히 안이하다고 할 수밖에 없다.

북한의 '새로운 길'은 경제적 잠재력을 발양시키는 데 있다

쌍중단(雙中斷) 쌍궤병행(雙軌竝行) 구도에서 현 상황을 보면 쌍중단은 유지되고 있지만 쌍궤병행에 진전이 없다.

쌍중단은 무한정 유지될 수 있는 조건이 아니다. 북한의 모라토리엄은 상당 기간 지속할 수 있지만 한미동맹의 군사연습은 매년 시기가 도래하며 그때마다 유예 결정을 반복할 수 있는 성격이 아니다.

또한 한국과 미국은 주기적으로 선거를 치르게 되어있는 만큼, 국내 여론의 인내심은 제도적으로 한계가 있다. 따라서 비핵화와 이에 따른 상응 조치는 단계별로 동시 행동 원칙을 적용한다고 해도, 누가 먼저 움직이느냐보다는, 누가 먼저 움직이든 그 시차를 좁히면서 얼마나 빠르게 움직일 수 있느냐가 관건이다.

한미동맹 측이 북한보다 훨씬 인내 허용 기간이 짧다는 점에서 시간은 북한 편이 아니다. 이로 인해 쌍중단의 조건이 깨지면 그 타격은 모든 당사자에게 미치지만 가장 치명적인 후과는 북한이 겪게 될 것이다. 이는 역으로 속도감 있는 비핵화의 가장 큰 수혜자는 북한이 될 것이라는 점을 말해 준다.

마침 트럼프 미국 대통령이, 김정은 위원장이 핵무기를 만들지도 실험하지도 전파하지도 않겠다고 밝힌 점을 평가하면서, 2차 정상회담을 고대한다고 화답했다. 북한은 '새로운 길'을 모색할 조건 충족을 기다릴 것이 아니라 '새로운 길'을 모색하는 상황이 오지 않도록 하는 것이 순리다. 그 '새로운 길'은 오히려 북한이 보유하고 있는 경제적 잠재력을 발양시킬 방도를 찾는 데 있으며, 이를 위해서는 북한이 먼저 비핵화에 속도전의 기치를 들고 나서야 할 것이다.

북한의 '선도적 비핵화'가 답이다

2018년의 교훈

2018년은 북한 비핵화 협상의 새로운 전기를 마련한 해로 기록될 것이다. 4.27 판문점 남북 정상회담을 시발점으로 관련국 간 협의가 본격적으로 전개되었으며, 김정은 위원장은 완전한 비핵화 의지를 분명하게 공표했다. 정점은 6.12 싱가포르 북미 정상회담이다. 싱가포르 북미 정상회담은 최초의 양국 정상회담인 동시에 한반도 비핵화의 주체를 김정은 위원장과 북한으로 명시했다는 점에서 의미가 있다.

북미 비핵화 협상이 진행된 2018년 내내 북한은 핵실험과 미사일 발사를 중단했으며, 한반도에서 군사적인 긴장이 고조되지도 않았다. 북한 핵 문제가 안정적으로 관리되었다는 점에서 의미 있는 평가가 가능하다.

그러나 싱가포르 북미 정상회담 이후 협상 국면이 지속되었음에도 불구하고 가시적인 북한의 비핵화 조치는 실행되지 않았다. 그 이유는 싱가포르 북미 정상회담에서 합의한 '완전한 비핵화'에 대해 공통된 인식의 결여와 아울러 비핵화의 이행 로드맵에 대한 이견 때문이다. 완전한 비핵화에 대해 미국은 CVID, 즉 '완전하고 검증 가능하며 불가역적인 폐기'라는 기존의 입장을 변경하여 FFVD, 즉 '최종적이고 완전하게 검증된 비핵화', 개념을 사용하고 있다. 반면 북한은 완전한 비핵화 의미를 구체적으로 명시한 적이 없다. 또한 신고-검증-폐기를 내용으로 하는 매뉴얼 비핵화 방식을 선호하는 미국과 자신들이 비핵화 순서와 내용을 정하는 자발적 비핵화 방식을 고수하고 있는 북한의 입장은 평행선을 달렸다.

6.12 북미 정상회담 이후 구체적 성과는 없는 지루한 비핵화 협상 국면이 지속되었다. 특사파견과 친서교환 등 북미 간 정상 차원의 외교는 고비 때마다 비핵화 협상의 동력을 부여했지만 결정적인 돌파구를 마련하지는 못했다. 결국 향후 북한 비핵화 협상의 미래는 북미 양측이 완전한 비핵화에 대해 합의된 개념을 공유하고 구체적인 비핵화 이행 로드맵을 도출해 낼 수 있는지 여부에 달려 있다.

2차 북·미 정상회담의 딜레마

김영철 노동당 부위원장이 1월 17일 방미해 트럼프 대통령을 면담한 결과 2차 북미 정상회담의 개최 시기가 가시화되었다. 트럼프 대통령은 점차 악화하고 있는 국내정치적 상황에서 자신이 최대의 업적으로 부각시켜온 북미 비핵화 협상의 실질적인 진전이 필요하다. 김정은 위원장 역시 전방위적으로 확산되고 있는 대북 제재의 압박을 해소해야 하는 긴박한 과제에 직면해 있다. 트럼프 대통령과 김정은 위원장 모두에게 2차 북미 정상회담이 필요한 이유이다.

트럼프 대통령의 국내정치적 입지는 지난해에 비해 좋지 않다. 가장 중요한 변화는 민주당이 하원을 장악한 현실이다. 민주당은 트럼프 대통령의 정책 독주를 막겠다고 공언한 상태이며, 대북협상은 주요 쟁점 대상이다. 이미 미국 의회는 소위 아리아 법을 통해 행정부가 대북 제재를 해제할 경우 의회보고를 의무화했으며, 비핵화 협상에 대해서도 청문회 등을 통해 꼼꼼히 점검하겠다는 기세다.

장기화되고 있는 협상의 교착국면과 고 웜비어 씨 사건 등으로 미국 내 여론도 우호적이지 않다. 취임 이후부터 트럼프 대통령을 압박해온 러시아 스캔들에 대한 로버트 뮬러 특검의 향방은 여전히 불확실하다. 멕시코

장벽 예산 문제로 장기화된 미국 정부의 셧다운 사태에 대해서도 여론은 트럼프 대통령에게 불리한 상황이다. 트럼프 대통령의 대북협상 동력이 약화되고 있다는 판단이 가능하다.

지난해 12월 23일 발표된 중국의 해관(세관)총서에 따르면 2018년 1월에서 11월 사이의 북중 교역량은 전년 대비 52.9% 대폭 감소한 22억 달러 수준이었으며, 특히 북한의 대중 수출은 전년 대비 88.6% 감소한 1억 9천만 달러에 그쳤다. 동 기간 북한의 중국으로부터의 수입은 전년 대비 33% 감소한 20억 1천만 달러로 북한의 대중국 무역적자는 18억 달러가 넘는다. 중국은 북한의 대외무역의 90% 이상을 차지한다는 점에서 무역적자는 결국 북한 내 외화보유고의 고갈을 의미하며, 이미 장마당 경제는 대북 제재의 직접적 영향권에 놓여있다. 아사히신문의 1월 13일 자 보도에 따르면 지난해 연말과 비교해 옥수수는 1.7배, 밀가루는 1.4배로 가격이 올랐으며, 중국산 액정 TV나 배터리는 가격이 두 배로 뛰었다. 지난해 주민들에게 경제발전을 약속한 김정은 위원장에게 현재의 경제 상황은 큰 부담일 수밖에 없다.

문제는 2차 북미 정상회담을 통해 북한 비핵화에 대해 회의적인 미국 내 여론을 반전시키고 대북 제재의 해제를 유도할 수 있는 명분과 가시적인 성과를 확보할 수 있느냐의 여부이다. 미국에서는 벌써부터 2차 북미 정상회담의 성과에 대해 회의론이 나타나고 있으며, 북한이 원하고 있는 대북 제재의 해제에 대한 여론도 우호적이지 않다. 반면 북한의 매체는 연일 미국의 상응 조치를 요구하고 있는 판이다.

2차 북미 정상회담은 지난해와 달리 개최 자체만으로 의미를 찾기 어려우며, 가시적인 성과를 도출하지 못할 경우 북미 양 정상에게 오히려 부담이 가중될 수 있다. 최악의 경우 북미 비핵화 협상의 동력이 현저하게 약화됨으로써 북미관계가 장기 교착국면으로 접어들 개연성도 배제할 수 없다.

다시 '김정은 이니셔티브'를 기대한다

2018년 한반도 문제 해결을 위한 협상 국면의 전개 과정에는 많은 요인이 작용했으며, 특히 촉진자의 역할을 수행한 한국 정부의 노력이 중요했다. 실용주의적 관점을 견지한 트럼프 대통령의 협상력도 평가 받을 만하다. 그러나 무엇보다 김정은 위원장이 전략적 변화를 선택했다는 점을 주목할 필요가 있다. 2017년 11월 29일 ICBM급 화성 15형의 불완전한 고각 발사 직후 김정은 위원장은 국가 핵 무력 완성을 공식 선언했지만, 2018년 파격적인 신년사를 필두로 연쇄적인 정상회담과 특사 및 친서 외교를 통해 비핵화 의지를 지속적으로 표명하면서 비핵화 협상의 동력을 이어나갔다.

2019년 북미 비핵화 협상은 결정적인 기로에 서 있다. 김영철 부위원장이 워싱턴으로 직행해 트럼프 대통령을 면담함으로써 2차 북미 정상회담 개최 시기를 잡기는 했지만 지난해와 달리 백악관은 신중한 태도를 견지했으며, 김영철 부위원장의 동선도 암행모드를 유지했다. 트럼프 대통령이 김영철 부위원장을 면담한 이후 백악관이 내놓은 입장은 2월 말 2차 북미 정상회담을 개최한다는 것과 비핵화 이전까지 대북 제재는 유지한다는 짤막하고도 원론적인 내용이었다. 2차 북미 정상회담의 결과를 낙관하기 어렵다는 의미로 읽힐 수 있다.

2차 북미 정상회담을 통해 새로운 동력이 확보될 경우 비핵화 협상의 순조로운 진행을 기대할 수 있으나, 그 반대의 경우 북미 간 지루한 교착국면과 소모전의 양상을 벗어나기 힘들며 트럼프 대통령과 김정은 위원장 모두 정치적 상처를 피할 수 없을 것이다. 2차 북미 정상회담이 협상의 모멘텀을 이어가기 위해서는 '스몰딜'을 넘는 성과를 도출해야만 하는 이유이다.

해법은 2018년과 같이 김정은 위원장이 이니셔티브를 발휘하는데 있다. 미국의 상응 조치를 요구하는 북한의 입장을 이해할 수 없는 것은 아니나 결자해지의 의지가 필요하다. 북미 비핵화 협상에 대한 회의론의 뿌리는 지난 30여 년 간 북한이 비핵화 협상에서 신뢰를 상실했다는 원초적인 문제에 기인한다. 따라서 일정한 신뢰 관계를 형성하기 전까지는 북한이 원하는 '주고받기식' 협상은 어렵다.

북한 비핵화 성과도출이 지연될 경우 트럼프 대통령의 대북협상력과 미국 내 정치입지는 약화될 것이며, 새로운 남북관계를 지향하는 한국 정부의 동력도 상실하게 될 것이다. 경제봉쇄에 가까운 대북 제재국면이 지속되는 상황에서 협상이 장기 교착될 경우 그 피해는 전적으로 북한에 돌아간다. 비핵화를 공언한 김정은 위원장이 역발상으로 비핵화 협상을 선도해 나가는 방안 외에 달리 길이 보이지 않는다. 북한이 한국과 미국, 그리고 국제사회를 설득할 수 있는 파격적 비핵화 조치를 선행할 경우 신뢰의 확보와 더불어 상응 조치도 유도해 낼 수 있을 것이다.

상대방이 예상하기 어려운 행마는 종종 형세를 주도하게 만들기 마련이다. 북한이 핵 프로그램 핵심분야의 비핵화를 조기에 단행하는 것이 이에 해당한다. 북한이 핵심분야의 비핵화를 선도적으로 단행함으로써 신뢰의 임계점을 상회할 경우 이후의 협상은 탄력을 받게 될 것이다. 북한 핵 프로그램의 핵심분야는 과거 핵에 해당하는 핵탄두, 핵물질, ICBM과 핵 관련 생산시설이 밀집해 있는 영변 핵 단지이다. 과거 핵 일부의 조기 반출 및 폐기, 또는 영변 핵시설의 영구폐기 돌입 등은 신고라는 단계를 우회하면서도 실질적인 비핵화의 진전이라는 점에서 중요한 의미가 있다. 이 경우 미국 역시 대북 제재의 단계적 해제와 종전선언을 포함한 평화체제 구축 협상 등 의미 있는 상응 조치를 취해야 할 책무를 부담할 수밖에 없을 것이다.

새로운 변화를 선택한 2018년은 김정은 위원장 집권 2기의 시작이라고 할 수 있다. 그 중심에는 비핵화 협상과 경제발전에 방점을 둔 전략 노선이 자리 잡고 있다. 현재와 같이 외부의 요구에 수동적으로 대응하는 비핵화 협상 방식으로 김정은 위원장이 집권 2기의 성공을 장담하기 어렵다. 트럼프 대통령과 김정은 위원장에게 주어진 시간은 많지 않다. 지루한 협상을 뛰어넘는 파격적인 선도적 비핵화를 통해 북한체제와 정권의 미래를 약속할 수 있다는 점을 김정은 위원장이 주목할 때다. 2차 북미 정상회담에서 다시 한번 김정은 이니셔티브를 기대해 본다.

외교·안보의
컨트롤 타워가 보이지 않는다

긴박하게 움직이는 주변국 정황

2차 북미 정상회담이 가시권에 들어오고 있다. 김영철
북한 노동당 중앙위원회 부위원장의 방미 이후 2월 말을
목표로 북미 정상회담 개최를 위한 실무협상이 진행 중
이다. 김영철 부위원장의 방미를 전후해서 스웨덴 스톡홀
름에서는 스티브 비건 미 국무부 대북 특별대표와 최선
희 북한 외무성 부상, 그리고 한국의 이도훈 외교부 한
반도 평화교섭 본부장이 비공개 회담을 했다. 2월 초순
에는 판문점에서 비건 특별대표와 김혁철 전 스페인 북
한대사가 실무회담을 가질 예정이라고 한다. 트럼프 미
대통령은 자신의 트위터에 연일 북미회담 성사 가능성

을 예고하고 있다. 회담 개최지로 베트남의 다낭이 유력하다는 설도 흘러나온다.

미 워싱턴 타임즈는 1월 28일 자에서 미국 측이 에스크로(escrow) 계좌 개설을 통한 경제 보상 패키지를 북한 측에 제안했다고 보도했다. 북한이 미국의 제안을 수용할지가 관건이라는 단서가 붙었지만 보도 내용이 사실이라면 미국이 비핵화 협상을 단계별 접근방식으로 전환한 것으로 볼 수 있다. 북한도 1월 24일 조선중앙통신에서 김정은 위원장에게 김영철 부위원장이 방미 성과를 보고하는 장면을 내보내면서 2차 북미 정상회담 개최를 공식화했다. 북한의 다른 매체들은 여전히 김정은 위원장의 신년사에 근거하여 제재 해제, 한미합동군사훈련의 영구 중단 등을 주장하고 있지만, 물밑에서는 2차 북미 정상회담 개최 준비가 한창임은 분명해 보인다.

북한과 중국 관계도 눈에 띄게 달라지고 있다. 김정은 위원장의 연초 방중 이후 북한의 공훈예술단이 베이징에서 공연을 했다. 3년 전 베이징을 찾았다가 중국 측의 공연 내용 수정요구에 반발하여 철수한 이후 처음이다. 리수용 북한 노동당 부위원장을 단장으로 한 예술단은 1월 26일부터 28일까지 3차례 공연을 했다. 27일에는 시진핑 중국 국가주석이 부인 펑리위안 여사와 함께 관람하고, 이례적으로 리수용 단장과 면담도 했다. 시진핑 주석은 이 자리에서 북중 수교 70주년의 의미와 양국 간 우의 협력관계를 강조했다. 공연이 열리던 시기 베이징은

마치 주요국의 국가원수가 방문한 듯한 삼엄한 경호 분위기가 연출됐다. 공연 참관자들은 중국 공산당 대외연락부에서 직접 관리했으며, 공연 티켓도 엄청난 가격에 판매한 것으로 알려졌다. 아직 국제사회의 대북 제재로부터 자유로울 수 없는 중국이 최선의 대우로 북한 예술 공연단을 맞이한 셈이다.

일본의 아베 총리는 1월 28일 시정연설에서 북한과의 국교 정상화를 위한 북일 정상회담 의지를 밝혔는가 하면, 방위력 증강 및 헌법 개정 의지를 언급했다. 초계기 위협 비행 논란으로 한일관계가 급랭한 상황에서 한국에 대한 언급은 전혀 없는 반면, 북한과의 관계개선 의지를 밝힌 것이다. 일본은 또한 러시아와는 남쿠릴열도 문제를 다루는 양국 간 평화협정 논의를 구체화하는 한편 중국과의 관계개선에도 적극성을 보이고 있다. 북미관계가 정상화되지 않은 상태에서 북일 관계 정상화는 요원한 일이며, 남쿠릴열도 2개 섬 반환에 대한 러시아 내 반발이 거세고, 중국의 세력 확장을 억제하는 인도·태평양 전략의 추진으로 중일 관계 정상화도 한계가 있기는 하지만, 일본의 발 빠른 움직임은 눈여겨볼 대목이다.

동북아 질서의 지각변동에 대비한 한국의 국가 전략

미·중 무역전쟁과 북미 정상회담 등으로 동아시아 기존

질서의 지각변동을 예고하면서 세계 각국은 저마다 자국의 이해타산에 맞춰 바쁘게 전략과 전술을 구사하고 있다. 한국 역시 신북방정책, 신남방정책, 한반도 신 경제 구상 등의 전략을 내놓으며 분주히 대책을 마련하고 있다.

김정은 위원장의 서울 답방은 아직 성사되지 않았지만, 남북관계는 꾸준히 진전되고 있다. 남북 간 군사합의서에 기초해서 유해발굴 작업과 GP 철거 작업 등이 진행됐다. 북한지역의 철도 및 도로 현황 파악을 위한 현장조사를 실시하고 북한 도로 현황에 대한 자료도 북한 측으로부터 넘겨받았다. 스톡홀름에서 개최된 비공개 북미 실무협상에 이도훈 평화교섭 본부장이 참석해서 북미관계 진전을 위한 중간역할도 원활하게 수행하는 듯이 보인다.

신북방정책에서는 시베리아 횡단철도와 남북한의 동해선을 연결하는 문제와 함께, 러시아 연해주 및 시베리아 개발, 북극 항로 개발 등 다양한 현안들이 검토되고 있다. 신남방정책은 한반도의 지정학적 이점을 극대화하기 위해 아세안(ASEAN)과 인도 등 남방국가들과의 협력을 강화한다는 전략을 담고 있다. 한국 정부는 북한의 비핵화와 한반도의 평화를 기반으로 유라시아 대륙의 북방과 남방을 연결하는 거대 전략을 그려 놓고 있다. 한반도를 기점으로 삼아 육상으로는 철도와 도로를 연결하고, 해상으로는 해상교통로를 통한 남방의 거점을 연결하는 거대 타원을 구상한다.

이러한 구상은 비단 번영의 공간을 넓히려는 것일 뿐만 아니라 한반도의 분단을 극복하는 새로운 길이기도 하다. 문재인 대통령은 지난해 8.15 경축사에서 동북아 철도공동체와 에너지공동체 같은 전문 분야별 경제공동체를 추진하자고 제안했다. 이러한 분야별 공동체가 모이면 동북아의 안보공동체로 발전할 수 있다는 비전도 제시했다. 분단과 전쟁 위협, 그리고 주변 강국들의 이합집산에 대응할 수 있는 새로운 길을 모색하는 국가 전략 차원의 비전 제시였다.

좌충우돌하는 각론으로는 미래를 담보할 수 없다

이렇듯 한국은 동아시아의 지각변동에 대응해서 큰 틀의 장기 국가 전략과 비전을 마련하고 있다. 그런데 총론은 있지만 각론이 잘 안 보인다. 청와대에서 발표한 문재인 정부의 국가안보전략을 보면 한미동맹을 기반으로 우리 주도의 방위역량을 강화한다고 되어있다. 하지만 한미동맹이 방위비 분담 문제로 삐걱거린다. 해리스 주한 미 대사는 한국의 안보당국에 방위비 분담 하한선을 강력하게 요구했다. 한국은 국민 정서를 고려할 때 미국의 요구를 수용하기 어렵다는 입장이다. 여기에 북핵 문제가 연계되어 주한미군 축소문제까지 거론되고 있다. 아직은 협상 국면이기 때문에 확실한 내용이 공개되지 않았지만 한미 간 불협화음이 발생하고 있음을 감지할 수 있다.

미국의 정보기관과 연구기관들은 북한의 비핵화와 북미 정상회담의 성과에 대해 부정적인 견해를 내놓았다. 이것은 북미 비핵화 협상이 아직 가시적인 성과를 거두지 못한 데 따른 것으로, 오는 2차 북미 정상회담이 소기의 성과를 거둔다면 사그라들 수 있겠지만 그렇지 못할 경우 엄청난 후폭풍을 불러일으킬지도 모른다.

지금의 한일 관계는 역대 최악이라는 평가를 받는다. 한일 위안부 합의를 둘러싼 갈등으로 시작해서 강제징용 관련 대법원의 배상금 판결로 긴장이 더해지는 가운데 일본 초계기의 위협 비행으로 양국 간 긴장이 고조되고 있다. 아베 총리는 시정연설에서 한국을 의도적으로 언급조차 하지 않았다. 일본에 대한 한국 내 분위기는 더욱 냉담하다. 심지어 한일 양국에서는 군사적 대응을 해야 한다는 주장까지 나올 정도다. 급기야 미국은 한일 양국을 한자리에 모아 놓고 중재 작업에 들어갔지만 쉽지 않은 상황이다. 한일 양국 모두 관계를 푸는 출로를 찾기 위해 발 벗고 나서는 모습을 찾아볼 수 없다. 치킨게임과 같이 충돌을 향해 돌진할 뿐이다.

북한은 남한에 대해 볼멘소리를 하고 있다. 중국에 나와 있는 북한기관 사람들은 북미관계가 개선되기 전에는 남북 간 협력은 불가능하니까 차라리 중국과의 관계를 확대하겠다고 한다. 북한 근로자들의 중국 체류도 점차 느는 추세다. 중국의 인건비 상승으로 북한 인력을 채용하려는 중국 기업들이 많아지고 있다. 비록 제재로 인해 공개적으로 채용할 수는 없지만, 비공식적 방식으로 북한 인력의 활용은 증가하고 있다. 북한을 찾는 중국 기업인들도 다시 늘고 있다. 김정은 위원장의 연초 중국 방문을 계기로 양국관계의 변화에 대한 기대가 높아지고 있으며, 이것이 현실로 나타나고 있다.

한·중 관계도 과거 사드 배치 이후 악화된 관계가 개선되고 있다고 하지만, 시진핑 중국주석의 서울 답방 약속도 받아내지 못하는 등 아직 완전히 회복되지 못하고 있다. 지난 북중 정상회담 시 시진핑 주석이 "중국은 앞으로도 쌍방의 근본 이익을 수호하고 한반도의 정세 안정을 위해 적극적·건설적 역할을 발휘할 것"이라고 한 말의 의미도 되새겨야 한다.

야심차게 내놓은 신남방정책은 전략적 관점을 놓친 채 경제협력에만 초점을 맞추고 있다는 지적을 받는 가운데 김현철 전 경제보좌관의 말실수로 인해 색이 바랬다. 신북방정책 역시 북방경제협력위원장이 비상근 인사로 교체된 이후 표류하는 듯하다.

총론은 보이는데 각론에서 좌충우돌하는 이유는 무엇일까? 외교·안보의 컨트롤 타워가 보이지 않기 때문이다. 한국의 대외 경제의존도는 90% 이상이고 안보는 한미동맹에 절대적으로 의존하고 있다. 안보와 경제는 동전의 앞뒤와 같다. 한·미동맹, 한·일 관계, 한·중 관계 등의 문제는 국방부와 외교부 등 안보부처에서, 신북방정책과 신남방정책은 경제부처에서, 남북관계는 통일부에서 각자 알아서 하면 될 문제가 아니다. 안보와 경제문제가 하나의 전략적 관점 속에서 각각의 정책들이 연계되어 움직여야 한다.

미국과의 방위비 분담 협상은 한·미동맹을 업그레이드할 수 있는 좋은 기회다. 방위비 분담을 다소 늘리더라도 남북 교류·협력에서 미국의 제재 면제 확대 등 양보를 얻어 더 큰 이득을 가져오는 것도 한 방법이다. 미래지향적 한·일 관계를 재구축하기 위해서도 한일 민간차원의 협력을 강화하는 한편, 1.5트랙 대화부터 시작해 정부 간 대화를 통해 타협점을 모색해야 한다. 아울러 우리 정부가 먼저 일제의 피해를 받은 우리 국민들을 보듬는 일에 나서야 한다. 신북방정책을 재가동하고 신남방정책이 동력을 잃지 않도록 하기 위해 인력을 재정비하고 구체적인 정책을 내놓고 국민들의 공감대를 얻도록 해야 한다.

지금 우리나라를 둘러싼 국제환경이 엄중하다. 동아시아 질서 재편이라는 큰 틀의 지각변동을 뚫고 나갈 국가전략과 비전을 만들었다면, 이를 관철하기 위해 모든 수단과 방법을 동원하는 구체적인 정책과 치밀한 전술을 구사해야 하며, 이를 운영하는 컨트롤 타워를 제대로 구축해야 한다. 이제 문재인 정부는 출범 2주년을 앞두고 외교·안보 컨트롤 타워를 재정비하여 다시 신발 끈을 동여매고 새 출발을 해야 한다.

2차 북미 정상회담,
성공의 관건은 무엇인가

기대를 높여가는 북·미 정상회담 전초전

미국과 북한 정상의 역사적인 첫 만남이 싱가포르에서 개최된 지 260일 만인 오는 2월 27~28일 양일에 걸쳐 베트남 하노이에서 두 번째 북미 정상회담이 개최될 예정이다. 1월 18일(현지시각) 김영철 노동당 부위원장이 트럼프 대통령을 만난 뒤 새라 샌더스 백악관 대변인이 2차 정상회담의 개최에 공식 합의했고 그 시기는 2월 말이 될 것이라고 밝혔다.

  회담 날짜와 장소는 스티브 비건 대북정책특별대표가 평양을 방문한 2월 6일과 8일 회담에 발표되었다. 트럼프 대통령은 비건 특별대표의 평양 도착시각에 맞춰 2차 정상회담이 27~28일 베트남에서 개최된다고 날짜와 개최국을 밝혔다. 그리고 비건 대표가 평양을 이륙할 즈음 트위터를 통해 2차 북미 정상회담의 장소가 하노이라고 공개하고, 뒤이어 "북한은 경제 강국(great Economic Power house)이 될 것"이라고 밝혔다.

이처럼 트럼프 대통령은 개최 사실, 시기, 개최국과 날짜, 장소 등을 살라미처럼 나눠 발표하면서 언론의 관심을 끌어올리고 있다. 하지만 북미 간에 협의한 내용이 무엇인지는 공개되지 않았고, 폼페이오 국무장관과 비건 대표의 강연, 기자회견 등을 통해 조금씩 흘러나오고 있을 뿐이다. 이런 내용이 미국 측의 입장을 일방적으로 말하는 것인지, 아니면 비핵화와 상응 조치에 대해 북측과 어느 정도 의견조율이 된 것인지는 확실치 않다.

지금까지 흘러나온 이야기를 종합해 보면, 이번 2차 정상회담에서도 1차 때와 마찬가지로 합의사항을 담은 '공동성명'이 나올 것으로 보인다. 비건 특별대표는 평양을 방문하기 전인 1월 31일 스탠퍼드대학 연설에서 "전쟁은 끝났다"라면서 "북한을 침공하지 않을 것이며 북한 정권의 붕괴를 시도하지 않을 것"이라는 '대북 4No 원칙'을 재확인했다. 평양 방문 뒤인 2월 11일 워싱턴을 찾은 문희상 국회의장과 여야대표단을 만난 자리에서는 북한과 "12개 이상 문제에 대해 논의했고 싱가포르 공동성명 이행을 위해 협력할 것"이라고 말했다.

폼페이오 국무장관은 폴란드 방문 중인 2월 13일 미

CBS와의 인터뷰에서 '대북 제재 완화를 대가로 좋은 결과를 얻어내는 게 목표'라면서 대북 제재 완화를 처음으로 상응 조치로 제시하였다. 2월 14일 미 폭스뉴스와의 인터뷰에서는 한국전쟁의 공식 종식을 논의했냐는 질문에 "그것에 대해 북미는 많은 얘기를 해왔다"라고 말하면서 "비핵화뿐만 아니라 한반도 안보 메커니즘, 평화 메커니즘의 구축에 관해 얘기했다"라고 공개했다.

개최 이전부터 '성공','실패'를 단정하는 오류

이와 같이 2차 북미 정상회담에 관한 기대가 높아지는 가운데, 우려도 함께 제기되고 있다. 두 차례의 정상회담이 열릴 수 있게 된 가장 큰 동력은 한반도 비핵화에 대한 김정은 위원장의 결단이다. 그런 점에서 북미 정상 간에 어떠한 내용에 합의하든, 이번 「하노이 공동성명」은 한반도 비핵화의 내용이 핵심일 수밖에 없다. 그런데 아직 어느 수준에서 합의될지는 미지수다.

　이번 2차 북미 정상회담의 논의방식은 1차 회담 때와 달라질 전망이다. 1차 회담에서 논의된 비핵화 접근법이 귀납적이었다면, 아마도 2차 북미 정상회담의 접근법은 연역적으로 될 가능성이 높다. 다시 말해, 1차 북미 정상회담은 비핵화 문제로 바로 들어가기보다 70년 적대관계의 청산에 합의하고, 이를 위해 한반도 평화체제를 수

립하여 여건을 마련한 뒤, 최종적으로 완전한 비핵화에 이른다는 귀납적 접근법을 취했다.

그러나 한반도 비핵화에 초점을 맞춘 북미 고위급회담과 6자회담 때 채택된 합의문들은 모두 연역적 접근법이었다. 「제네바 기본합의문」은 핵 문제 해결을 목표로 명시한 뒤 이에 대한 상응 조치로 경수로 제공, 정치적·경제적 관계 정상화, 핵무기 불위협·불사용 보장, 국제 비확산체제 강화 등을 약속했다. 「9.19 공동성명」도 합의사항의 맨 처음에 '한반도의 검증 가능한 비핵화'라고 밝힌 뒤 그에 상응한 소극적 안전보장, 에너지·경제보장, 한반도 평화체제, 동북아 안보협력 증진 등에 관해 규정하고 있다.

과거 두 차례의 합의문과 1차 북미 정상회담 공동성명의 접근법을 볼 때, 이번 2차 북미 정상회담은 아무래도 완전한 비핵화에 초점을 맞추고 그에 따른 상응 조치가 뒤따르는 방식이 될 가능성이 높을 것으로 보인다. 따라서 이번 2차 정상회담에서 「하노이 공동성명」을 채택한다면, 주요 내용은 한반도 비핵화의 이행계획과 추후 일정, 그리고 그에 대해 미국이 취할 상응 조치의 약속들로 짜일 것이다.

그런데 「하노이 공동성명」의 전망을 놓고 국내외 전문가들은 벌써부터 성공과 실패 진영으로 나뉘어졌다. 대체로 찬성진영에서는 '성공한 회담', 반대진영에서는 '실패한 회담'으로 미리 단정해 놓고 바라보고 있는 듯하다.

심지어 반대진영 일부에서는 이번 2차 회담이 북측이 원하는 대로 합의하는 '나쁜 회담'이 될 것이라고 예단하기도 하고, 불완전한 합의가 될 바엔 차라리 '눈부신 실패'를 선택하라고 충고를 가장한 무책임한 말을 뱉기도 한다. 이와 같이 대립적인 전망 속에서 필요한 것은 객관적인 기준을 설정하는 일이다.

「하노이 공동성명」의 합의문안을 둘러싼 논의는 아직 본격화되지 않은 것으로 보인다. 지난 평양 방문에서 비건 특별대표가 북한 김혁철 대미 특별대표와 협의만 했을 뿐 2차 북미 정상회담을 한 주 앞두고 다시 만나 합의문 조율에 들어갈 것이라고 한다. 「싱가포르 공동성명」의 4개 항에 기초해 12개 항목을 협의했다고 한 것을 볼 때 이번 「하노이 공동성명」에서는 최소한 포괄적 합의에 대한 기대감을 가질 수 있다. 다만 현재까지의 논의 수준으로 볼 때 일괄타결은 어렵고 부분타결은 어느 정도 기대해 볼 수 있을 것이다.

이번 「하노이 공동성명」에서 포괄적 합의가 이루어진다고 해도 관점에 따라서는 평가가 달라질 수 있다. 반대진영에서는 포괄적 합의문에 중·단거리 탄도미사일이나 생화학무기 등 비현실적인 요구가 들어있지 않다는 점을 내세워 실패라고 주장할 가능성이 있다. 과거 핵폐기를 담아 일괄타결되지 않으면 실패라고 주장할 수도 있다. 찬성진영에서는 포괄적 합의가 된 것만 가지고 성공이라고 평가한다든지, 미래 핵과 현재 핵만 담은 부분

타결만으로 성공이라고 평가할지도 모른다.

비핵화 실현 의지가 담긴 '포괄적 신고' 합의 여부가 관건

그렇다면 이번 2차 북미 정상회담의 성패를 판단할 수 있는 기준은 무엇인가? 앞서 지적했듯이, 이번 2차 회담은 1차 회담과 달리 '완전한 비핵화'의 이행을 어느 정도 합의해 낼 수 있는지에 초점이 맞춰져 있다. 그런데 북미 양측은 여전히 적대와 불신이 해소되지 않은 상태이기 때문에, 상대방에 대해서는 최대한 높은 수준의 요구를 하면서도 정작 자신이 해야 할 양보는 최소한에 그치려고 한다.

북한은 비핵화 조치를 취하되 여차하면 되돌이킬 수 있는 가역성을 확보하고자 하고, 또한 경제제재 완화와 체제 안전보장 등을 최대한 받아내고자 한다. 특히 북한은 핵분열물질, 핵탄두, ICBM과 같은 과거 핵에 대해서는 최종단계에서 포기하겠다는 입장이고, 따라서 이번 2차 정상회담에서도 '영변 핵시설+α'의 폐기·검증 수준에서 합의하려 한다.

미국은 미 의회와 언론의 견제를 의식하지 않을 수 없기 때문에, 어떤 방식으로든 미 본토에 위협이 되는 핵탄두, ICBM과 같은 과거 핵을 이번 2차 정상회담의 합의문에 포함시키려고 한다. 그렇지만 북한에 제공할 수 있는 상응 조치는 제재 해제 절차를 규정한 「대북 제재 및 정책 강화법」(2016.2.)에 의해 제한을 받고 있어, 제재 완화보다는 인도주의적 지원과 미 민간인 방북 허용, 종전선언, 연락사무소 설치 등을 제시하고 있다.

어찌 보면 이번 2차 북미 정상회담은 어떠한 창도 막아낼 수 있는 방패(북한)와 어떠한 방패도 뚫을 수 있는 창(미국) 간에 타협점을 찾아내려는 것인 만큼, 결코 쉽지 않은 협상이다. 그렇기 때문에 이번 회담에서 한반도 비핵화와 상응 조치 간에 일괄타결(package settlement)을 이루는 '빅 딜'까지는 기대하기 어렵다. 그렇다고 핵 위협의 본질인 과거 핵을 빼고 미래 핵과 현재 핵만 포함시키는 합의에 머문다면 '스몰 딜'이라고 할 수밖에 없다.

빅 딜이 아니라고 '실패한 회담', '절반의 성공인 회담'이라는 평가도 잘못된 것이지만, 그렇다고 스몰 딜에 머문 것을 '성공한 회담'이라고 평가하기도 어렵다. 그렇다면 2차 북미 정상회담이 안고 있는 제약된 현실을 반영하면서도 한반도의 완전한 비핵화라는 비전을 담은 '성공한 회담'이 되려면 어디까지 합의를 도출해야 할까?

'성공한 회담'이 되기 위해서는 어떤 방식이로든 최종적이고 완전히 검증된 비핵화(FFVD)로 가기 위한 '길목'이 확보되어야 한다. 앞서 언급했듯이 비핵화의 핵심은 과거 핵을 어떻게 처리하는가 하는 점이다. 여전히 불신의 골이 깊은 미국과 북한이 어떻게 과거 핵으로 가는 '길목'에 합의하느냐가 회담 성패의 기준이 되어야 한다.

폼페이오 미 국무장관의 첫 방북 이후 미국이 핵탄두와 ICBM 일부를 조기에 해체 · 반출하는 프론트 로딩(front loading)을 북측에 지속적으로 요구했던 것도 이 때문이다. 하지만 작년 7월 초 폼페이오 장관의 3차 방북 때도 이 같은 요구를 되풀이하자 북한 외무성이 '날강도 같은 요구'라며 크게 반발했다. 그 뒤 미국은 사실상 이 요구를 철회했다. 미국이 세부신고와 검증도 요구했으나 체제 안전보장과 군사위협 해소도 되기 전에 자신의 핵무력만 모두 노출된다며 거부해 무산되었다.

그렇다면, 북한의 합리적 안보 우려를 감안하면서도 완전한 비핵화의 길목을 확보할 수 있는 현실적인 방안은 무엇일까? 이와 관련해 비건 대북정책특별대표는 지난 1월 31일 스탠퍼드대학 연설에서 어느 시점에서 포괄적 신고를 하고 앞으로 어떻게 비핵화를 협의할지 실무협상의 로드맵을 담아야 한다는 해법을 제시했다. 이 해법을 반영한다면, 이번 합의문에는 △파괴된 풍계리 핵실험장의 전문가 검증, 전문가 입회 아래 동창리 해체의 이행, △상응 조치를 전제로 한 영변 핵시설+α의 폐기 · 검증 세부이행에 관한 합의뿐만 아니라, △포괄적 신고의 시점을 포함한 실무협상의 로드맵에 관해 약속을 담아야 한다.

김정은 위원장은 신년사에서 "미국 대통령과 마주 앉을 준비가 되어있으며 반드시 국제사회가 환영하는 결과를 만들기 위해 노력할 것"이라고 밝혔다. 국제사회가 환영하는 결과가 완전한 비핵화임을 김 위원장도 알고 있을 것이다. 북한이 진정 비핵화 의지가 있고 국제사회의 환영을 받기 위해서는 이번 2차 북미 정상회담에서 포괄적 신고의 시점을 포함한 실무협상의 로드맵을 수용해야 할 것이다. 이는 이번 회담의 성패 기준일 뿐 아니라, 평화로운 한반도와 번영된 북한의 미래를 결정하는 가늠자가 될 것이다.

하노이 북미 정상회담의 겉과 속

'제재 해제'와 '영변 + α' 계산법의 충돌

기대와 달리 하노이 2차 북미 정상회담은 합의 없이 종료되었다. 회담 결과에 대한 예상은 북한 비핵화의 부분 합의인 '스몰딜'과 큰 틀의 합의인 '빅딜' 여부로 나뉘어 있었으나 결과는 합의 부재, '노딜'이었다.

트럼프 대통령은 2월 28일 회담 직후 기자회견을 열어 합의 불발에 대한 원인을 북한 측 책임으로 돌렸다. 트럼프 대통령이 밝힌 요지는 북한은 영변 핵 단지 폐기의 대가로 대북 제재의 전면 해제를 요구했지만 들어 줄 수 없었으며, 미국은 영변 외 다른 우라늄 시설도 중요하다는 것이었다. 폼페이오 국무장관은 영변 핵시설 이외에도 더 많은 것을 원했다며, 미사일 시설과 핵탄두 무기 시스템을 언급했다. 3월 3일 미국의 언론에 출연한 볼턴 보좌관은 트럼프 대통령이 하노이에서 김정은 위원장에게 핵과 생화학무기, 탄도미사일의 포기를 포함한 '빅딜' 문서를 전달했다고 밝혔다.

북한의 리용호 외무상과 최선희 부상은 3월 1일 새벽 기자회견을 열고 미국의 입장을 반박했다. 리 외무상에 따르면 북한은 미국 전문가의 입회하에 북미 공동으로 영변 핵시설을 폐기하겠으며, 상응 조치로 11건의 유엔 대북 제재 결의 중 2016년 이후 취해진 5건의 해제를 요구했다는 것이다. 최선희 부상은 3월 2일 한국 기자들에게 영변을 다 내놓겠다고 제안했다는 점을 다시 한번 명백히 밝혔다.

북미 양측의 해명에 따르면 북한은 영변 핵시설에 대한 사찰·검증과 영구폐기를 제안하고 일부 대북 제재의 해제를 요구했으며, 미국은 '영변+α'를 요구함으로써 합의가 성사되지 않은 것으로 요약될 수 있다. 영변의 핵시설은 북한의 핵 사이클과 핵 물질 생산의 중심거점이며, 사찰과 검증이 동반될 경우 북한 핵 프로그램의 전모를 밝힐 수 있는 중요한 계기가 될 수 있다. 비핵화에 대한 북한의 의견이 진일보한 것으로 볼 수 있는 이유다.

북한이 상응 조치로 요구한 2016년 이후에 취해진 5건의 유엔 대북 제재의 해제는 사실상 대북 제재의 전부를 의미한다. 북한이 비핵화 협상에 나선 것은 북한 경제 전반을 위축시키고 있는 바로 5건의 대북 제재 때문이다.

그 이전 대북 제재들은 북한의 핵·미사일 개발을 차단하기 위한 맞춤형 제재라는 점에서 핵·미사일 개발의 일정 단계를 상회한 북한에 큰 압박이 되지 않는다. 이 때문에 미국은 5건의 대북 제재 해제를 압박수단의 무장해제로 받아들였다. 아울러 영변 핵 단지를 영구폐기해도 제3의 지역에 은닉된 것으로 추정되는 고농축우라늄(HEU) 생산시설과 핵탄두, 대륙간탄도미사일이 그대로 남는다는 점도 미국의 고민이다.

이 같은 양측의 견해차는 새로운 것이 아니며, 따라서 하노이 북미 정상회담 합의 불발이 비핵화 협상의 결정적 위기를 의미하는 것도 아니다. 문제는 불확실성이 상존한 상황에서 북미 정상회담이 개최된 점이다. 하노이에서 노정된 북미 간 이견은 정상 간 단기간의 협상을 통해 합의가 도출되기 어려운 복잡한 기술적 차원의 문제다. 싱가포르 북미 정상회담 이후 이루어진 양측의 실무회담 및 고위급회담, 특사 교환과 친서 외교에도 불구하고 양측의 이견이 좁혀지지 않은 점에 대해서는 의문이 남는다. 특히 비핵화에 대해 북미 양측의 이견이 현격한 상황에서 정상회담으로 공을 떠넘긴 실무협상팀의 안일함은 이해하기 어렵다.

'양치기 소년 딜레마'와 '블러핑(bluffing) 딜레마'

지난해 본격적인 북미 협상에 나선 북한은 풍계리 핵실험장을 폭파하고 동창리 미사일 발사대 및 엔진시험장의 해체에 착수했다. 풍계리는 북한의 유일한 핵실험 시설인 데다 폭파된 시설을 단기간에 복구하는 것은 어렵다는 점에서 북한의 추가적인 핵실험은 현 단계에서는 가능하지 않다. 북한이 6차례의 핵실험을 실시했기 때문에 풍계리 핵실험장은 용도가 다했다는 주장은 설득력이 떨어진다. 또한 동창리 시설이 완전하게 해체될 경우 북한은 새로운 로켓엔진 개발을 할 수 없다. 풍계리와 동창리의 시설이 없을 경우 아직 불완전한 상태인 북한의 대륙간 탄도미사일(ICBM) 개발을 완료하는 것도 어렵게 된다.

북한이 평양 남북 정상회담과 하노이에서 제시한 영변 핵시설의 영구폐기는 더 큰 의미를 지닌다. 영변 핵 단지는 300개 이상의 핵시설이 밀집한 북한 핵 프로그램의 핵심시설로, 핵분열탄(원자탄) 제조를 위한 분열물질인 플루토늄과 고농축우라늄(HEU)은 물론 핵융합폭탄(수소폭탄) 제조를 위한 삼중수소의 생산이 가능하다. 영변 핵시설이 폐기될 경우 북한 핵 프로그램 일관 체계의 핵심 고리가 제거되는 것을 의미한다. 게다가 북한은 영변 핵시설에 대한 사찰과 검증을 받아들일 의사를 밝혔다.

비핵화에 대한 북한의 진전된 입장에도 불구하고 미국

과 국제사회의 시선은 차갑다. 그 이유는 김정은 위원장이 처한 '양치기 소년 딜레마' 때문이다. 북한은 북미 비핵화 양자 협상은 물론 6자 회담을 통해 도출된 수많은 합의와 약속들을 일방적으로 파기함으로써 스스로 불신을 초래했다. 특히 김정은 위원장은 집권 이후 국제사회의 만류를 아랑곳하지 않고 무한 질주 형 핵·미사일 개발의 노선을 선택했고, 결국 스스로 대북 제재의 틀에 갇히고 말았다. 비핵화의 획기적 결단을 내리지 않는 한 이 딜레마에서 벗어나기 힘들다.

트럼프 대통령은 특유의 과장법인 '블러핑(bluffing) 딜레마'에 처해 있다. 트럼프 대통령은 북한 비핵화에 대한 그동안의 모든 협상은 실패했으며, 자신만이 제대로 된 해법을 가지고 있다고 공언했다. 이는 트럼프 대통령이 과거의 모든 비핵화 합의보다 진전된 결과를 도출해야 성공한 협상으로 인정받는다는 것을 의미한다. 트럼프 대통령은 북한 핵 프로그램의 동결과 영변 핵시설의 폐기를 넘어 보다 진전된 합의를 도출해야 하는 부담을 안고 있다. 특히 전 개인 변호사 코언의 의회 증언과 러시아 스캔들에 대한 뮬러 특검의 조사결과 발표 등 트럼프 대통령이 국내정치적으로 압박을 받고 있다는 점도 주목해야 할 것이다. 트럼프 대통령은 하노이에서 적당한 타협을 선택할 수 없었다. 미국 내에서 하노이 북미 정상회담의 합의 불발에 대한 비난보다 트럼프 대통령이 양보하지 않은 것을 다행으로 여기는 기류가 형성된 것도 같은 맥락이다.

북·미 비핵화 협상 전망

북미 양측 모두 협상의 파기로 인해 초래될 고비용구조를 감당하기 어렵다는 점에서 향후 협상 국면은 지속될 개연성이 크다. 하노이 북미 정상회담 직후 양측은 서로에게 책임을 전가하면서도 비난을 자제하는 모습을 보였다. 트럼프 대통령은 김정은 위원장과 좋은 관계를 맺고 있다고 강조했으며, 폼페이오 장관은 신속한 북미 협상의 재개 의사를 밝혔다. 북한의 매체는 회담 결과를 보도하면서 북미가 신뢰 관계를 강화하고, 양 정상은 새로운 상봉을 약속했다고 전했다.

실무진에서 정상에 이르기까지 북미 양측이 진행한 다양한 비핵화 협상에도 불구하고 여전히 비핵화에 대한 입장차가 크다는 점과 하노이 합의 불발로 북미 비핵화 협상의 동력이 약화될 수 있다는 점은 문제로 남는다. 특히 트럼프 대통령은 국내정치적으로 점차 복잡한 상황에 빠져들고 있다. 여론도 불리한 상황이고 언론이 탄핵 가능성을 공공연하게 언급하는 상황에서 트럼프 대통령이 국내문제의 함정에 빠질 경우 비핵화 협상이 동력을 상실하고 표류할 가능성도 배제할 수 없다.

김정은 위원장의 국내정치적 상황도 복잡하다. 김 위

원장은 사찰·검증을 수반한 영변 핵 단지 폐기를 야심찬 카드로 제시했지만 대북 제재를 해제하는 성과를 도출하지 못했다. 대북 제재의 해제를 원하고 있는 북한 주민의 실망과 김정은 위원장의 비핵화 협상 방식, 그리고 리더십에 대한 측근들의 의혹도 김 위원장이 풀어야 할 숙제가 될 것이다.

북미 간 비핵화 이견의 절충도 어려운 과제다. 북미 간 수많은 협상에도 불구하고 비핵화 이견은 좁혀지지 않았으며, 하노이 북미 정상회담 합의의 불발로 이어졌기 때문이다. 북한의 제안에 대해 미국이 상응 조치로 대북 제재를 해제하지 않을 것이라는 점이 명백해졌다. 영변 핵시설 폐기라는 기존의 입장에 추호도 변함이 없을 것이라는 리용호 외상의 언급대로 북한이 새로운 협상 카드를 마련하기는 쉬운 일이 아니다. 구체적 성과 없는 지루한 북미 간 비핵화 협상 또는 협상 교착국면이 지속될 가능성도 배제할 수는 없다.

중재자를 넘어 촉진자 역할이 필요하다

하노이 북미 정상회담은 양측 간 불신을 내재한 협상이 취약할 수밖에 없다는 것을 입증했으며, 한국의 역할이 중요하다는 점을 각인시킨 계기라고 할 수 있다. 한국은 이미 5.26 통일각 남북 정상회담을 통해 싱가포르 북미 정상회담을 성사시킨 바 있으며, 하노이 북미 정상회담도 평양 남북 정상회담이 가져온 산물로 볼 수 있다. 평양 남북공동선언에서 김정은 위원장은 영변 핵 단지 폐기 의사를 밝혔으며, 이는 하노이 북미 정상회담의 핵심적 의제였다. 하노이에서 귀국길에 오른 트럼프 대통령이 문재인 대통령에게 북한을 설득해 달라고 한 것도 한국의 역할이 필요하기 때문이다.

북핵 문제는 북미에 국한된 것이 아니며, 한반도의 평화와 안정에 대한 근본적 위협이자 남북관계발전의 장애물이다. 한국은 북미 비핵화 협상의 단순한 중재자가 아니며 한반도 문제 전반의 해결을 견인하는 촉진자로서 주도적 역할을 모색해야 한다. 미국과 국제사회의 불신을 해소할 수 있는 진정성 있는 북한의 실천적 행동을 유도하고, 대북 제재의 단계적 해제 등 상응 조치의 도출을 통해 북한 비핵화를 촉진할 수 있도록 적극적이고 과감한 행보를 보여야 할 것이다. 가장 중요한 것은 비핵화 협상의 동력이 약화되는 것을 방지하는 것이다. 신속하게 대북 및 대미 특사파견을 통해 양측의 의도를 파악하고, 판문점 실무형 남북 정상회담과 한미 정상회담의 조기개최도 검토해야 할 것이다.

미국과 북한의 요구를 수용하면서도 부담을 덜 수 있는 창의적 대안을 강구할 필요가 있다. 예를 들어 '영변+α'와 대북 제재 일부를 해제하는 방안의 검토가 가능할 것이다. 영변 핵 단지와 다른 지역의 고농축우라늄 생산

시설 등 모든 핵물질 생산시설의 폐기가 전제될 경우 부분적인 대북 제재의 해제를 위한 명분이 될 수 있기 때문이다.

남북관계를 적극적으로 활용하는 방안도 필요하다. 금강산 관광과 개성공단의 경우 한국 정부의 독자 제재라는 점에서 사업재개를 위해 국제사회를 설득하는 노력을 가속화할 필요가 있다. 김정은 위원장도 금년 신년사에서 금강산과 개성공단 사업을 언급했다는 점에서 두 사업의 재개는 북한을 견인하는 효과적인 방안이 될 수 있다. 현 국면에서 가능한 영역에서 남북관계를 전방위적으로 발전시킴으로써 비핵화와 더불어 한반도 문제 전반의 해결을 도모하는 노력이 필요하다. 우리의 궁극적 목표는 비핵화를 넘어 남북의 공존·공영과 통일의 달성이며, 따라서 문재인 대통령이 3.1절 기념사에서 강조한 신한반도체제의 형성을 가속화 할 필요가 있다.

군사적 신뢰 구축은 한반도의 안정은 물론 비핵화 프로세스에도 긍정적이라는 점에서 보다 적극적인 남북 협력이 필요하다. 지난해 시작된 비무장지대의 평화지대화를 신속하게 완료하고 남북 군사공동위원회를 본격 가동함으로써 군사적 신뢰 구축의 범위를 확대하는 방안도 모색되어야 할 것이다.

하노이 회담은 단발이 아니고 지속되는 과정의 일부일 뿐이다. 겉만 보고 그 결과에 실망도 경악도 할 필요가 없다. 오히려 북미 양측이 각기 속내를 명확히 드러내어 향후 협상 과정에서 불필요한 복선의 그물을 걷어낸 측면이 있다. 우리는 어떤 상황도 유리하게 끌어갈 수 있는 준비를 하면서 하노이 회담을 한번 건너뛰는 징검다리로 삼아 촉진자의 길에 나서야 할 것이다.

한반도 비핵화 프로세스, 다시 한 번 진검승부에 나설 때다

포스트-하노이의 살얼음판

포스트-하노이 프로세스에 먹구름이 끼고 있다. 합의 실패에도 불구하고 미국과 북한은 협상 재개 의사를 접지 않은 채, 가까스로 희망의 끈을 이어오고 있었다. 먼저 잽을 날린 것은 미국이었다.

지난 21일 미 재무부 산하 해외자산통제국(OFAC)이 북한의 제재회피를 도운 혐의로 복수의 중국 해운사를 제재 리스트에 올렸다. 동시에 석탄 불법 환적 혐의로 새로 49척의 선박이 리스트에 추가되었다. 이 중 북한 선박이 33척이다. 독자 제재 강화에 해당하는 행동이었다. 제재를 강화할 생각이 없던 트럼프 대통령의 하노이 기자회견에 위배되어 미국이 먼저 '새로운 길'을 선택한 것이 아닌지 의심되었다.

이에 대해 북한이 반응했다. 22일 북한은 "북측 연락사무소는 상부 지시에 따라 철수한다"는 입장을 통보하고 일방적으로 공동연락사무소에서 철수했다. 다행히 북한은 남측 사무소 인원의 잔류는 상관하지 않겠다며 공동연락사무소 자체를 폐쇄하지는 않았다.

북한의 이러한 행동은 이미 3월 15일 최선희 외무성 부상이 '남조선은 중재자가 아니라 플레이어'라고 말한 기자회견에서 예견되었다. 이에 대해 18일 이도훈 한반도평화교섭본부장이 '플레이어지만 중요한 플레이어라 생각한다'고 대응하고, 20일 이낙연 국무총리가 문재인 대통령에 대한 기대라고 해석했다. 이낙연 총리는 북한이 비핵화 의지를 보이는 것에 이제는 응답할 차례라고 발언하기도 했다. 이에 대해 북한이 다시 최선희 부상의 발언을 부연했다.

북한이 연락사무소에서 철수하겠다고 밝힌 22일, 북한의 대외선전 매체 '메아리'는 한국이 "미국에 대해 요구할 것은 요구하고 할 말은 하는 당사자 역할을 해야 할 것"이라며, 당사자의 의미를 설명했다. 미국을 설득하라는 것이다. 같은 날 북한의 또 다른 선전매체 '우리 민족끼리'도 통일부 업무보고를 언급하며 "북남선언 이행을 위한 꼬물만한 진정성도 의지도 찾아볼 수 없다"라고 비난했다.

북미협상 국면의 복구는 가능한가?

이처럼 북한은 한국에 불만을 표시하고 있었지만, 독자 제재를 강화한 미국에 대해서는 비난을 자제했다. 트럼프 대통령이 움직일 공간이 주어졌다. 23일 트럼프 대통령은 트위터를 통해 '추가 제재 철회'를 지시했다. 이를 두고 미국 행정부 내에서 혼란이 일긴 했지만 비핵화 협상 구도를 유지하려는 트럼프 대통령의 의지는 명확했다.

하노이에서 합의 도출에 실패한 직후 트럼프 대통령은 회담장을 퇴장한 것이 아니고 회담을 외교적으로 끝냈다고 발언했다. 문재인 대통령에게는 '북한을 설득해 달라'고 부탁했다. 폼페이오 국무장관도 조만간 평양에 특사를 파견하겠다고 발언해서 협상 국면이 지속되고 있다는 것을 강조했다. 북한도 회담 결렬 다음 날, 하노이 회담이 대화 계속을 위한 생산적인 회담이었다고 논평하고 북미 정상의 '재상봉' 가능성을 열어두었다.

그런 한편 북미회담의 미국 측 주연은 트럼프에서 볼턴으로 교체되고 있었다. 볼턴은 하노이 회담 이후 연일 미국의 주요 언론에 등장하여 '미국의 최대압박 작전이 계속될 것이며, 김정은 위원장에게 진짜 충격이 있을 것'이라고 경고했다. 앞서 언급한 15일 최선희 부상의 기자회견은 이에 대한 대응이었다. 그녀는 하노이에서 미국이 '강도 같은 태도'를 보였다고 비난하고 특히 볼턴 보좌관에 대해 "적대감과 불신의 분위기를 만들었다"고 지적했다. 그러면서도 최 부상은, "두 정상의 궁합은 신비할 정도로 훌륭하다"며, 북미 두 정상의 3차 회담에 대한 기대를 숨기지 않았다.

북한의 속내는 3월 6일, 평양에서 열린 제2차 전국 당 초급선전일꾼대회에 보낸 김정은 위원장의 서한에서 읽을 수 있다. 김 위원장은 수령에 대한 신비주의를 경계하고 "인민이 흰쌀밥에 고깃국을 먹으며 비단옷을 입고 좋은 집에서 살게 하려는 것은 수령님과 장군님의 평생 염원"이라며, 경제발전과 인민생활 향상보다 더 절박한 혁명임무는 없다고 강조했다. 3월 12일에 발표된 최고인민회의 대의원 선거 당선자 명단에는 김정은 위원장이 포함되지 않았다. 최고지도자의 이름이 빠진 것은 북한 역사상 처음 있는 일이다. 하노이 합의 실패에도 북한식 '보통국가화' 노선은 유지되고 있다. 그 성공을 위해서는 제재해제가 필수다. 국내 사정이 이럴진대 북한이 미국과의 비핵화 협상에서 이탈하기는 쉽지 않을 것이다.

비대칭 협상과 중견국의 역할

핵·미사일을 개발하려는 북한과 이를 무력화하려는 미국 사이의 협상은 전형적인 약소국과 초강대국의 비대칭 협상이다. 북한에게 핵·미사일 개발은 유일한 자위수단이다. 미국에게 비핵화는 국제적 위신을 유지하는 여러 수단 가운데 하나다. 비핵화 협상은 북한의 생존과 미국의 체면을 맞바꾸는 협상이다. 본래 비대칭적인 북미관계를 대칭구도로 만든 것이 핵·미사일 개발이지만, 핵·미사일을 건 협상에 나선 순간 비대칭구도로 회귀할 수밖에 없다.

여기에 중견국 한국의 중재자-당사자 외교가 나설 공간이 있다. 중견국은 중간 규모의 능력을 발휘하는 외교에서 성과를 내기 위해, 분쟁해결을 위한 중재자 역할을 수행하여 촉매, 촉진자, 관리자가 되려는 의도를 갖는다. 북미 사이의 비대칭구도는 한국이 중견국의 위치 에너지를 바탕으로 북미협상의 중재, 촉진, 관리에 나설 수밖에 없는 이유가 된다. 다만 비핵화의 과제가 우리 문제이기도 하다는 점에서 단순한 중재자가 아니라 당사자이기도 하다. 중재자이자 당사자인 이 이중성이 '플레이어' 논란의 핵심이다. 그래서 우리는 북미협상의 중재자 역할에 더해 남북협상과 한·미협상의 당사자가 되어야 한다.

한편 북미협상의 중재자 역할 수행을 어렵게 하는 것은 이른바 '트럼프 리스크'다. 트럼프 대통령은 기회이자 위기이다. 기회 요인으로 활용하되, 위기 요인이 되지 않도록 관리해야 한다. 여기에서 이 지역의 또 다른 중견국 일본과의 협력이 중요하다. 일본이 중견국이냐는 논란이 있을 수 있다. 그러나 동북아 국제질서 행위자 가운데 일본은 미·중·러와 다른 외교행태를 보인다. 일본은 적어도 아직은 군사력을 바탕으로 한 일방주의를 채택하지 않고 다자주의 외교를 선호하며, '힘'보다는 '규범'에 의존하는 외교를 펼치고 있다.

그 이유는 군사력 보유와 전쟁을 금지한 '평화헌법'이 존재하기 때문이다. 아베의 몸부림에도 헌법개정은 거의 불가능한 상황이다. 또한 저출산 고령화와 이에 따른 사회보장비 급증, 재정위기 심화라는 3중의 제약으로 일본이 군사력에 바탕을 둔 강대국 외교를 펼칠 가능성은 거의 없다. 일본이 미일동맹에 경사하며 우경화하는 것은 이러한 절망감의 표현이기도 하다. 그런 상황에서 미국우선주의로 흐르며 미·일동맹에 관심을 보이지 않는 트럼프 대통령이 등장했다. 일본 외교는 '트럼프 리스크'에 대비하여 미·일동맹을 대체할 '만일의 사태(contingency) 연구'가 진행되고 있다. <현안진단>에서 몇 차례 지적했듯 일본은 러·일관계, 중일관계에 보험을 들고 있다. 북일관계도 예외는 아니다.

포스트-하노이 프로세스와 일본

하노이 합의 실패 이후 일본을 훼방꾼으로 지목하며 그 책임을 지적하는 사람들이 있다. 아베가 납치문제를 내세워 대북 제재 유지와 강화를 주장하며 북미협상의 속도를 조절하려 했던 것은 사실이다. 일본은 북한의 요구가 지나쳤다며 트럼프 대통령의 결단을 지지했다. 미국과 완전히 공조하는 태도다. 그러나 하노이 정상회담 전후, 일본도 '새로운 길'을 모색하고 있었다.

2월 들어 먼저 북한 쪽에서 신호가 나왔다. 2월 4일, 일본에 조난한 북한 선원의 귀국을 위해 노력해 준 데 대해 조선적십자회 중앙위원회가 일본에 감사를 표명했다. 이는 처음 있는 일이었다.

며칠 후 일본 쪽에서 이에 호응하는 움직임이 나왔다. 2월 15일 교도통신을 통해 다나카 미노루(田中實)라는 일본인이 평양에 거주한다는 사실이 알려졌다. 다나카는 일본 정부가 인정한 납치자 17명 가운데 한 사람이다. 2014년 스톡홀름 북일 합의 이후 북한의 정보제공을 묵살했던 일본이 처음으로 이 사실을 보도했다. 17일에는 일본인 납치 피해자 가족 모임이 김정은 위원장 앞으로 '새로운 메시지'를 발표했다. 납치피해자를 돌려주기만 하면 북한에 책임을 묻지 않겠다는 것이었다. 북일 정상회담의 필요성도 강조했다. 이틀 뒤 아베 총리는 납치 피해자 가족과 면담하고 가족 모임의 입장을 확인했다.

북일 국교정상화는 장기집권에도 이렇다 할 성과가 없는 아베에게 유혹으로 어른거리고 있다. 헌법개정은 멀어졌다. 러·일 평화조약도 난망한 상태다. 현재까지 거의 유일한 성과로 포장된 아베노믹스도 실패했다는 평가가 나오고 있다. 싱가포르 회담 이후 남북, 북미, 북중관계가 급진전하는 가운데 일본이 소외되고 있다는 초조감이 일본에 퍼지고 있다. 일본은 하노이의 북미합의를 외압으로 삼아 납치문제 해결의 수위를 조율하면서 북일 정상회담을 준비했다고 볼 수 있다.

하노이 합의 실패로 일본은 스스로 납치자 해결의 수위를 낮출 수 없게 되었다. 북일 국교정상화도 다시 먼 과제가 되었다. 아베의 계산도 헝클어졌다. 하노이 이후 일본은 북한에 강공으로 나서고 있다. 이에 북한이 호응할 리 없다. 일본의 강공에 대한 대응이 3월 8일 로동신문 기사 <고약한 섬나라 족속들은 천벌을 면치 못할 것이다>였다. 기사를 통해 북한은 미국에 대한 직접 비난을 피하면서, 하노이 회담에서 합의를 이루지 못했다는 사실을 공식화하는 한편 일본을 격렬하게 비난했다. 북한은 일본이 납치자 문제를 전면에 내세워 북일 협상의 주도권을 쥐려는 데 반발하며, 협상의 주된 의제가 과거사 해결이라는 것을 강조했다.

북일 사이에서도 중재가 필요한 상황이다. 더구나 하노이 합의 실패로 북일 사이가 벌어진 만큼 한국 외교의 공간이 커졌다. 한편 북일 국교정상화는 우리가 남북관계를 개선한 이후 한반도와 일본의 새로운 관계를 모색하는 데 필수과정이다. 여기서도 한국은 중재자이며 당사자이다.

일본은 최근 유엔인권이사회의 대북 비난 결의안 제출을 유보했다. 북일 정상회담의 창을 열어두겠다는 제스

처다. 결의안 제출 유보에 대해 일본에서는 비판이 일었다. 그러나 외무성 간부는 '비판을 각오하고 리스크를 무릅쓰지 않으면 아무것도 얻지 못한다'고 대응했다. 트럼프 리스크에 대비하기 위해 국내 여론의 리스크를 감수하겠다는 일본 외교의 뒷심이 보인다.

트럼프 리스크라는 위기 요인을 공유하는 일본과 협력하여 북미간 비대칭협상을 대칭구도로 가져가는 디딤돌로 한일관계가 있다. 우리 외교가 일본을 활용하는 지혜를 발휘할 때다.

당사자 외교와 중재자 외교의 배합

하노이 회담에서 합의 실패의 최대 피해자로 한국이 지목된다. 금강산 관광과 개성공단 재개의 길이 멀어졌다는 점에서는 맞는 말이다. 당사자의 입장에서는 그렇다. 그러나 중재자의 입장에서는 활약의 공간이 더 커졌다. 그점에서는 오히려 수혜자다. 넓어진 중재자의 공간에서 당사자 외교를 펼치는 것이 우리의 과제다.

한편에서는 '설득해 달라'고 하고, 다른 한 편에서는 '당사자가 돼라'고 한다. 미국도 북한도 서로 자기편에서 자기 대신 싸워달라고 한다. 그러나 우리는 우리 입장에서 당사자가 되어 양쪽을 설득해야 한다. 우리의 입장은 오직 하나, 평화다. 미국과 북한을 설득할 우리의 무기는 정의다.

의지가 있는 곳에 길이 있다. 제재가 풀리지 않아도 제도 구축은 가능하다. 가시적 성과에 집착하지 않는다면 할 일은 많다. 당사자로서 우리가 할 일은 우리가 살아야 할 공간의 재구축이다. 북한과 머리를 맞대고 도면부터 만들어 가자.

북한도 생각을 다시 해야 한다. 우리가 당사자로서 역할을 하려면 우리 외교에 무게가 실려야 한다. 공동연락사무소를 기능부전에 빠뜨려 한국의 위상을 추락시켜서 북한이 얻는 것이 무엇인지 생각해 봐야 한다. 그뿐만이 아니다. 제도 구축은 지속성을 생명으로 한다. 겨우 만들어 놓은 제도 창출의 거점을 스스로 망가뜨리는 행위는 김정은 위원장이 "수령님과 장군님의 평생 염원"이라며, 절박한 혁명임무라고 강조한 경제발전과 인민생활 향상을 위한 희망의 창을 닫는 행위다.

우리는 개인적 욕심에 사로잡힌 사람이 주인공이 된 역사를 본 적이 없다. 전쟁사의 흐름에서 보면 인류의 역사는 국익이라는 이름의 욕망과 전략이라는 이름의 계산이 뒤엉킨 역사지만, 평화사의 흐름에서 보면 그것은 평화를 희구하는 정의의 역사다. 인류의 역사는 전쟁의 역사라고 하지만, 전쟁의 시간보다는 평화의 시간이 훨씬 길었다는 점에서 그것은 회피된 전쟁의 역사, 즉 평화의 역사다. 평화의 역사를 일구라는 촛불의 명령으로 탄생한 이 정부는 괜히 싸구려 전략에 기대어 좌고우면하지 말고 부디 평화의 역사가 가리키는 길을 따라 한 걸음 한 걸음 우직하게 나가기 바란다. 지금은 진검승부의 칼을 다시 들 때다.

북한이 명심해야 할 하노이의 교훈

제재 완화에 매달리는 것은 잘못된 퍼즐 풀기다

하노이 북미 정상회담 이후 지난 한 달여간 회담결렬의 이유와 사정을 놓고 회담 당사자와 내외 전문가 사이에 많은 말들이 쏟아져 나왔다.

어떤 이들은 양측 협상카드 구성의 불균형에서 문제점을 찾기도 하고 혹은 톱다운 협상 방식의 한계를 지적하기도 했다. 또 다른 이들은 트럼프 대통령의 특이한 협상 기술이나 미국의 국내정치적 변수를 문제 삼기도 했다.

하노이 회담에서 미국과 북한이 합의를 끌어내지 못한 것처럼, 회담 결과에 대한 전문가 사이의 여러 분석과 해석도 확실한 공감대를 만들지 못하고 있다.

이런 상황에서 미국과 북한은 회담결렬 책임을 상대에게 넘기고 있으며 전문가들도 편을 갈라 한 쪽이 먼저 양보해야 한다고 주장하고 있다.

다행스러운 것은 미국과 북한은 물론 주변 분석가들도 어느 누구 하나 협상을 깨자고 하는 측은 없다는 점이다. 오히려 지금 미국과 북한은 상대를 비난하기보다는 협상 재개를 위해 고심하는 모습이다.

여기서 3차 북미 정상회담의 조기 재개를 염원하면서 하노이에서 양측이 동시에 범했다고 생각하는 실수 하나를 지적하고자 한다. 바로 대북제재 문제를 양측이 모두 협상 의제화 했다는 점이다.

제재를 부과하거나 해제하는 문제는 성격상 일방적 조치이므로 협상의 대상이 아니다. 대북제재는 북한이 비핵화를 이행해야 풀 수 있으며, 비핵화를 단계적으로 한다면 그 진도에 맞추어 완화할 수 있다. 그러나 어느 경우에도 비핵화의 선행 조치가 먼저 있어야 한다.

뒤집어 생각해서 북한이 비핵화를 이행하면 대북제재는 북한이 요구하지 않아도 자동적으로 해제가 따를 수밖에 없는 것이다. 북한의 비핵화가 이루어진 상황에서는 대북제재를 유지할 그 어떤 명분도 실리도 없다.

현실 경제의 절박함 때문인지 모르겠지만 하노이 회담에서 북한이 대북제재 완화 요구를 뜻대로 관철시키지 못하는 바람에 뜻하지 않게, 대북제재 문제를 미국에게 추가 협상카드로 안겨주었다.

북한이 비핵화를 하는 대신 얻고자 하는 것이 겨우 대북제재 해제라면 핵개발에 쓸데없이 공을 들인 꼴이다.

북한이 비핵화의 대가로 얻고자 하는 것은 군사적 위협해소와 체제안전보장이다. 비핵화의 대가는 북한이 비핵화로 당연히 취할 수 있는 성질이 아니라 협상을 통해 확보해야 한다. 협상의 대상이기 때문에 완전한 비핵화 조치 이전에라도 일정한 선불을 요구할 수 있다.

제재해제나 완화는 비핵화가 되면 당연히 따라오는 비핵화의 결과로 북한이 핵포기 대신에 협상을 통해 얻어야 하는 비핵화의 대가와는 성격이 다른 것이다.

미국이 대북제재 완화를 협상카드화 한다면 이 역시 안보리 권한 침해에 해당할 수 있으며 적절한 것이 아니다. 미국의 독자적인 대북제재라면 카드로 쓸 수도 있다. 과거 리비아나 이란의 대미협상에서도 제재해제의 내용이나 수준을 구체적으로 협상문에 담지 않았으며, 미국도 유엔안보리에 제재해제를 건의한다고 언급했을 뿐이다.

2018년 6월 12일 싱가포르 북미 정상회담에서 트럼프 대통령은 북한에게 안보와 체제보장을 제공하기로 약속했고, 김정은 위원장은 완전한 비핵화를 약속했다. 비핵화의 대응물은 어디까지나 안보와 체제보장이다.

대북제재는 비핵화가 이행된다면 상황에 따라 당연하게 완화되거나 또는 해제되는 문제로 북한이 미국에 매달릴 문제가 아니다. 또한 북한의 요구와 같이 비핵화 이행 정도에 맞춘 단계별 제재해제란 수학 공식처럼 되는 일도 아니다.

만약 북한이 먼저 비핵화 조치에 나선 후, 따라오게 될 제재 완화 수준이 마음에 들지 않는다면 협상분위기 차원에서 거론할 수는 있어도, 협상 의제로 하는 것은 상대측에 카드 하나를 더 얹어주는 결과만 되는 셈이다.

비핵화 조치 이전에도 북한에 경제지원을 할 수 있는데 그것은 유엔대북제재의 예외조치로서 가능한 것이지, 비핵화 이전에 제재해제를 취하면서까지 할 것은 아니다.

북한은 비핵화에 대응하여 미국에 요구할 그림을 크게 그려야 한다.

협상 상대는 트럼프 대통령이 아니라 미국이다

김정은 위원장이 하노이로부터 빈손으로 귀국할 때 가졌을 낭패감의 실체가 무엇이었을까를 상상하기는 어렵지 않다.

항간에는 협상팀이 문책당할 것이라거나 내부단속을 강화하고 대미협상과 관련해서 부여했던 주민들의 과도한 기대를 통제하며 '새로운 길'의 모색에 주력할 것이라는 등 여러 이야기가 돌고 있다.

북한은 이처럼 하노이 충격에서 벗어나기 위한 몸 추스르기를 하면서 미국을 다시 보고 있을 것이다.

미국 대통령이 세계 최강의 지도자인 것은 트럼프 개

인이 위대해서라기보다 미국 자체가 세계 최강이기 때문이다.

미국 대통령도 국내정치에서는 여론의 눈치를 보지 않을 수 없고 재선을 원한다면 국내 여론을 무시할 수 없다. 공산국가나 독재국가가 아니라 민주주의 국가를 상대할 때 북한이 겪는 어려움일 것이다.

북한이 트럼프 대통령에만 초점을 맞추어 협상을 한다면 앞으로도 제2의 하노이는 얼마든지 재연될 수 있다.

미국은 대통령의 생각에 실무진이 무조건 승복하지도 않고 국민여론은 더더군다나 대통령의 조치를 뒤집을 수도 있는 체제다. 따라서 북한은 트럼프 대통령의 어깨 너머에 있는 미국 자체와 협상을 해야 한다.

북한의 비핵화 의지에 대한 미국 여론의 신뢰는 트럼프 대통령보다 훨씬 낮다. 이런 현실을 인정하지 않으면 대미관계에서 만족할 성과를 지속적으로 확보하기 어렵다. 대북 인식에 있어서 트럼프 대통령보다 훨씬 회의적이고 보수적인 미국 여론을 움직이기 위해서는 비핵화에 대한 북한의 진정성을 확실하고도 명확하게 입증해야 한다.

이런 시기에 북한은 14기 최고인민회의를 새로 구성했다. 그리고 곧 제1차 회의를 소집한다. 중요한 시기에 열리는 중요한 행사다.

이번 회의가 내부 몸 추스르기를 위한 행사가 아니라 하노이에서 놓친 김정은 위원장의 한반도 평화 이니셔티브를 다시 세우는 계기가 되길 바라면서, 북한도 비핵화 의지를 김정은 위원장의 수준이 아니라 북한 주민 전체의 총의로 국제사회에 보여주길 요청한다.

싱가포르의 역사적 성과물은 김정은 위원장의 결단으로 만들었다. 하노이에서 완성하지 못한 성과를 수확하기 위해 이번에는 북한 주민의 결단으로, 다시 말해서 최고인민회의의 결정으로, 비핵화 실천 의지를 명백하게 함으로써 김정은 위원장의 한반도 평화 이니셔티브를 다시 살리는 기회가 되어야 한다.

싱가포르 회담으로 모처럼 얻은 기회를 날릴 수는 없다.

제14기 최고인민회의는 헌법 개정을 통해 기존헌법 전문에 애매하게 표현된 핵무장 관련 언급을 완전히 삭제하고, 2013년 제13기 최고인민회의가 채택한 법령('자위적 핵보유국의 지위를 더욱 공고히 할 데 대하여')을 폐지하여 국제사회에 한반도 평화 이니셔티브에 대한 확고한 의지를 보여주었으면 한다.

하노이 회담은 끝나지 않았으며 이를 한반도 평화노력의 실패사례로 남겨둘 수는 없다. 4월 11일 한미정상회담과 같은 날 열리는 제14기 최고인민회의에서 하노이 회담을 교훈 삼고 모두의 기대에 부응하는 조치가 있기를 기대한다.

12월은 어느 편에 설 것인가

시너지 효과의 기능성

4월 11일을 전후한 한반도 정세는 긴박했다. 문재인 대통령은 한미 정상회담을 위해 워싱턴을 방문했고, 북한은 최고인민회의 14기 1차 회의를 개최했다. 평소라면 통상적으로 여겨질 일들이지만, 하노이 2차 북미 정상회담이 결렬된 이후 북핵문제 당사국 정상들의 움직임이 동시에 있었기에 세간의 주목을 받았다.

한국은 일단 북미 대화의 모멘텀을 이어가는 데 초점을 맞추었다. 문재인 대통령과 트럼프 대통령은 워싱턴에서 가진 정상회담에서 공고한 한미동맹을 재확인했다. 하노이 회담 결렬 이후 불거진 한미동맹 균열설을 잠재우는 것이 급선무였다.

트럼프 대통령은 빅딜이 필요하다는 기존 입장에는 변함이 없지만, 빅딜이 성사된다면 이를 달성하기 위한 스몰딜도 가능하다는 약간의 유연성을 보였다. 3차 정상회담을 원하지만 조급하게 추진하지는 않겠다는 점도 분명히 했다. 남북 정상회담을 통해 김정은 위원장의 입장을 알고 싶다는 의중도 밝혔다. 아울러 트럼프 대통령은 한국이 미국의 군사 장비를 구입하기로 한 점에 감사의 뜻을 전하기도 했다. 어쨌든 한국은 대화의 모멘텀을 이어간다는 목표를 미국 측으로부터 확인했다.

같은 날 북한은 최고인민회의를 개최했다. 김정은 위원장은 최고인민회의에서 한 첫 시정연설에서 장문의 입장을 밝혔다. 경제문제에 가장 많은 부분을 할애했으며, 미국과의 대화 및 남북관계에 대해서도 언급했다. 국내부문에서 외부에 의존하려는 사고를 버리고 자력갱생에 매진해야 한다는 점과 내부의 부정부패 일소와 절약정신을 강조했다. 최고인민회의 상임위원장과 내각 총리를 교체하는 등 조직도 새롭게 정비했다.

미국에 대해서는 3차 정상회담의 필요성을 확인했지만 미국이 북한의 요구를 수용한다는 전제를 달면서 금년 12월까지 시한을 정했다. 한국에게는 중재자나 촉진자가 아니라 당사자의 입장임을 분명히 하라고 주문하는 한편 민족공조를 강조했다. 북한 역시 기존 입장에 변화가 있는 것은 아니지만 일단 대화 모멘텀을 이어가겠다는 의지를 표명한 셈이다.

하노이 회담 결렬 이후 긴박했던 시간이 지나고 북한과 미국은 대화를 이어가겠다는 의지를 확인했다. 이제 양국 입장의 간극을 줄여서 다시 톱다운 방식의 북미대화를 이어가도록 만드는 일이 남았다. 문재인 대통령은 미국 방문 직후 시기와 장소, 의제와 상관없이 빠른 시일 내에 남북 정상회담을 개최하자고 북측에 제안했다. 그러나 북한은 아직까지 답이 없다. 오히려 인도적 지원을 포함한 남북 간 접촉을 중단하고 있다는 소식만 들릴 뿐이다.

북한은 미국에 대해 먼저 포문을 열었다. 북한 외무성은 4월 18일 미국담당국장이 조선중앙통신사 기자의 질문에 답변하는 형식으로 김정은 위원장과 트럼프 대통령의 관계는 좋은데 폼페이오 미 국무장관이 대화의 걸림돌이라고 지적하며 대화상대의 교체를 요구하고 나섰다. 이것은 역설적으로 대화 재개를 위한 프로세스가 시작된 것으로 해석할 수 있다.

시간은 북한편이 아닌 이유

김정은 위원장은 시간은 북한편이라는 전략적 선택을 했다. 북미 협상의 장기화에 대비하여 북한의 요구가 관철될 때까지 자력갱생으로 버틸 것을 북한주민들에게 요구했고 그 시한을 12월로 삼았다. 북한에서 김정은 위원장의 결정에 누구도 토를 달 수 없을 것이다. 신년사를 열심히 학습했던 북한주민들은 이제 시정연설 공부에 몰두하고 있다. 김 위원장 이외에 누구도 연설의 범주를 벗어날 수 없는 경직된 상태다. 협상대상을 바꾸라고 요구한 북한 외무성의 반응은 그 경직성을 대변한다.

그런데 시간은 북한편이 아니다. 우선 경제문제를 보자. 김정은 위원장은 취임 이후 첫 육성연설에서 "다시는 북한 주민들이 허리띠를 졸라매지 않도록 하겠다"고 다짐했다. 이를 위해서는 북한에 외부 자원을 들여와야 한다는 사실이 지난 5년 동안 충분히 증명됐다. 석탄수출을 통해 일부 경공업 공장들은 다시 가동되기 시작했다. 경제제재로 석탄수출이 중단되었지만 이를 내부에 공급해 전기생산과 석탄화학공업 가동에 이용하고 있다. 분조관리제를 통해 농업부문에 생산방식의 변화를 추구했고 이로 인해 식량생산도 어느 정도 정상화됐다. 사회주의기업책임관리제를 통해 공장·기업소에 소속된 노동자들의 삶이 일부 개선된 것도 사실이다. 여기에는 사적 유통망, 즉 시장을 이용한 유통구조의 정착이 한몫을 담당했다. 이제 북한은 돈이 있어야 살 수 있는 경제로 전환되었다. 이 정도의 성과를 낼 수 있었던 결정적인 이유는 10% 미만에 불과했던 대외의존도를 30% 가까이 높였기 때문이다.

북한의 자력갱생은 대외의존도를 10% 미만으로 낮출 것을 요구한다. 지금 북한경제는 1970년대 수준을 일부

회복했을 뿐이며 북한주민들은 상대적으로 삶이 풍요로 웠던 1970년대 이전을 그리워한다. 지난 5년여의 시간은 대외 의존도를 높이고 시장을 활성화함에 따라 일정부분 과거의 향수를 충족시켰다. 1990년대의 고난의 행군은 단순히 자연재해 때문에 나타난 것이 아니다. 북한경제의 어려움은 풍부한 물자 공급 능력을 기반으로 시작된 분배 중심의 사회주의 경제가 부족한 물자공급 능력을 배급으로 눈가림하려는 모순에서 기인했다.

북한경제는 지금 성장이 필요하다. 1970년대 수준의 경제는 인구 1,500만 명에 걸맞는 규모다. 북한의 인구는 이제 2,500만 명이다. 40% 가까이 경제규모를 키워야 한다. 지난 5~6년의 성과로 1970년대 수준을 일부 회복했다고는 하지만 다시 자력갱생으로 버티기에 들어갈 경우 경제규모의 축소는 더 빠른 속도로 진행될 것이다. 최소한의 수준으로 버티기는 가능하겠지만 부족현상은 빠르게 심화될 수밖에 없다.

반면 경제제재를 취하는 국제사회는 급할 것이 없다. 북한과의 경제의존도가 제로에 가깝기 때문에 경제교류가 중단된다고 국제사회는 영향을 받지 않는다. 트럼프 대통령은 북핵문제는 장기간의 시간이 필요하며 급할 것이 없음을 강조했다. 중국이나 러시아에 기대할 수 있겠지만 양국 모두 국제사회에 대한 경제 의존도가 높기 때문에 북한 지원에 따른 불이익을 감수할 여력이 없다.

한국은 당사자이기 때문에 중재자와 촉진자 역할을 자

처하고 동분서주로 북미간의 대화를 통한 해결점을 찾으려고 노력하고 있지만, 중국이나 러시아와 마찬가지로 유엔안보리 제재결의를 무시하고 북한과 교류에 나설 수는 없다. 북한은 '오지랖 넓게' 중재하려 하지 말고 '당사자' 역할을 하라며 우리정부를 압박하지만 당사자가 아니라면 중재자의 역할을 자처할 이유도 없다. 이러한 노력에 찬물을 끼얹는 언사는 한국의 국제적 입지만 줄어들게 할 뿐이다.

12월은 미국이 아닌 북한에 주어진 시간

이번 김정은 위원장의 전략적 선택은 북한주민들의 허리띠 졸라매기만을 지속적으로 강요할 수밖에 없다. 12월까지로 언급한 시한은 미국이나 국제사회에 주어진 것이 아니라 북한에 주어진 시간일 뿐이다. 북한은 미국이나 한국의 국내정치적 일정을 고려해서 12월의 시한을 두었을 것이다. 그러나 이것이 오히려 북한의 다음 수순을 어렵게 만드는 결과로 이어질 것이라는 생각은 미처 하지 못한 것으로 보인다.

　미국은 하계휴가 기간이 끝나고 늦어도 9월이면 차기 대선 캠페인에 들어간다. 한국은 내년 상반기 총선을 앞두고 있다. 그래서 북한은 그 이전에 북핵문제를 해결하려는 조급함이 있을 것이라고 볼 것이다. 그렇지만 계산

착오다. 이 시기가 되면 지금과 같이 북핵문제에 전념할 여력이 없다. 북핵문제는 우선순위에서 밀릴 수밖에 없다. 시간이 늘어지면 북한경제의 고통은 가속화된다. 이미 북한주민들은 시장경제의 맛을 보았다. 돈이 없으면 생활할 수 없는 구조로 바뀌었다.

북한주민들의 자발적 복종과 과학기술 중시만으로 버티기를 지속할 수 없다. 북한의 10% 대외의존도는 북한에 없는 것을 외부에서 들여오는 것이다. 10%가 없으면 북한경제는 돌아가지 않는다. 이미 일부에서는 1990년대의 부족현상이 나타나고 있다. 환율과 쌀값을 비롯해 아직은 시장물가에 큰 변동이 없는 것으로 알려지고 있다. 그러나 시장가격은 돈 있는 사람들에게 적용된다. 국가 배급에 의존하는 사람들의 비중이 30% 가까이 될 것으로 추정된다. 버티기가 지속될 경우 국가 배급에 의존하는 비중이 증가하게 되며, 상대적으로 시장은 빠르게 축소된다.

일정 기간 절약정신으로 버틸 수는 있겠지만 1990년대 '고난의 행군' 시기를 경험했고, 시장을 통해 고통의 긴 터널을 벗어났던 북한주민들은 다시 1990년대의 '고난의 행군'을 생각조차 하기 싫을 것이다. 고통의 터널이 언제 끝날지도 모르는 시간이 지속될 수 있다. 김정은 위원장이 북한주민들에게 다시는 허리띠를 졸라매는 일이 없도록 하겠다던 약속은 물거품이 되고 말 것이다.

한미 정상은 3차 북미 정상회담의 의지를 밝혔다. '빅

달' 이후 '굿 이너프 딜'이라는 중재안도 마련했다. 김정
은 위원장 역시 3차 회담의 필요성을 인정했다. 문재인
대통령은 조속히 남북 정상회담을 개최해서 톱다운 방식
의 대화 모멘텀을 이어가려고 한다. 이는 북한에게 주어
진 기회다. 김정은 위원장이 말한 12월의 시한보다 더
빨리 시한을 앞당기는 것이 북한에게 유리한 국면을 가
져올 수 있다. 북한 비핵화의 최종적인 상태는 빅딜을
통해 먼저 규정하고 이를 달성하기 위해 행동 대 행동의
단계적 이행을 통해 서로의 신뢰를 축적해 나간다면 김
정은 위원장이 북한주민들에게 한 약속을 지킬 수 있을
것이다. 12월을 어떻게 맞을 것인지는 북한의 선택으로
넘어갔다.

일본의 레이와 시대 개막과
새로운 한일관계 구축을 위한 방법론

레이와 열기의 이면

일본에서 아키히토(明仁) 일왕의 퇴위와 나루히토(德仁) 일왕의 즉위로 레이와(令和) 시대가 개막했다. 일본에서는 퇴위식과 즉위식을 포함해 10일 동안 연휴가 이어지며, 5월 4일에 실시된 일반인의 왕궁 참배에 14만 명이 넘는 인파가 나서는 등 야단법석이다. 그러나 이를 바라보는 외국의 시선은 복잡할 수밖에 없다. 이를 의식한 듯 일본에서도 지나친 호들갑이라는 자성의 목소리가 나오고 있다. 특히 일본 국민의 80퍼센트가 호감을 표시했다는 레이와의 명명에 대해 왈가왈부 말이 많다.

먼저 연호 그 자체가 왕실의 시간을 국민에게 강요하

는 것으로, 헌법에 규정된 민주주의 원칙에 위배된다는 근본적인 비판이 있다. 연호 결정과정에 아베 총리가 깊숙이 개입했고, 연호 결정을 새 일왕에게 보고하는 과정에서 일본회의 등 우익 정치집단의 의향에 따라 일정을 조정하는 등 아베 총리의 행동이 일왕의 정치행위를 금지한 헌법에 위배되었다는 문제제기도 있다.

들뜬 모습의 아베 총리에 대해 일본 국민 가운데 경계의 목소리가 나오기 시작한 것은, 새 일왕이 즉위하자마자 5월 3일의 헌법기념일에 즈음해서 낸 아베 총리의 메시지가 심상치 않았기 때문이다.

해마다 5월 3일에 일본의 주요 언론들은 개헌과 관련한 여론조사를 내놓는다. 올해도 어김없이 주요 신문들이 개헌 여론을 발표한 가운데, 요미우리신문이 개헌 찬성 50%, 반대 46%라는 결과를 내보냈다. 아사히신문은 보다 더 구체적으로 헌법 9조 개정 여부를 물었는데 개정에 반대하는 여론이 64%로, 찬성 여론 28%를 압도했다. 아사히신문의 경우 개헌 기운이 고조되지 않았다는 여론이 72%나 된다는 사실도 강조했다. 두 여론조사 모두 작년에 비해 개헌에 조금 더 차가워진 국민의 시선을 반영하고 있다.

레이와의 평화주의

헌법과 관련해서 새 일왕 나루히토의 의지도 표명되었다. 그가 즉위식에서 "헌법에 따라 일본 및 일본 국민 통합의 상징으로서 책무를 다할 것을 다짐한다"고 표명한 데 대해, 상왕 아키히토에 비해 헌법 수호 의지가 약했다는 평가가 있다. 그러나 아키히토 전 일왕의 헌법 수호 의지는 30년 전 일본이 본격적인 보통국가화를 시작하기 전에 나온 것이다. 자위대의 헌법 명기를 주장하는 내각이 들어서 있는 지금 상황에서 나루히토 일왕이 '헌법에 따른 책무 이행'을 강조하고, 나아가 상왕이 보여준 상징적인 모습에 진심으로 경의를 표한다고 언급한 부분은 현행 평화헌법 수호 의지를 완곡하게 피력한 것으로 이해해야 할 것이다.

일본 국민 사이에서 헌법 개정 열기가 식어가고 있고 새 일왕이 상왕에 이어 헌법을 지키겠다는 의지를 표명하는 중에 현행 평화헌법 기념일인 5월 3일, 아베 총리는 개헌세력의 집회에 개헌 의지를 다지는 비디오 메시지를 보냈다.

이런 아베 총리의 태도에 대해 의구심을 제기한 것은 다름 아닌 레이와의 고안자로 알려진 나카니시 스스무(中西進)였다. 연호가 결정되는 과정에 아베 총리가 개입하여 연호 역사상 처음으로 중국 고전이 아닌 일본 고전 『만

엽집(万葉集)』의 한 구절을 따서 레이와로 결정했다는 사실이 알려졌다. 그 때문에 레이와에는 국수주의 냄새가 스멀스멀 풍기고 있다. 그런데 바로 그 고안자인 일본 고전문학자 나카니시가 레이와에서 평화주의를 강조하는 모습이 알려졌다. 이후 일본의 새 연호 레이와는 아베 총리의 의도와는 다른 방향에서 일본 국민의 마음에 자리 잡고 있는 듯하다.

나카니시는 아사히신문과의 기자회견에서 아베 총리의 개헌 행보에 대한 평가를 묻는 기자에게 '국가와 국가 사이가 조화로운 상태를 평화'라고 부른다면서 새 연호에 평화의 기원을 담았다고 했다. 이는 아베 총리가 레이와의 뜻을 '아름다운 조화'라고 풀면서 아베 자신의 책 『아름다운 나라로』를 그 위에 겹치려는 데 대한 은근한 비판이었다. 나아가 나카니시는 '조화'의 대척점에 있는 것이 타국에 대한 폭력 행사라면서, 레이와에 어울리는 일본이 되기 위해 과거 한반도에 무력으로 밀고 들어간 역사를 반성해야 한다는 생각까지 피력했다.

그런 의미에서 문재인 대통령이 레이와의 개막에 즈음해서 "퇴위한 아키히토 천황과 마찬가지로 전쟁의 아픔을 기억하면서 평화를 위한 굳건한 행보를 이어나가기를 희망한다"고 전한 것이나, 이낙연 총리가 한일관계를 중시했던 아키히토 '천황'에 대해 감사를 전하고 레이와 시대에 한일 양국이 미래를 함께 준비하는 새로운 우호협력관계를 구축하기 바란다는 기대를 표명한 것은 좋았다.

새로운 시대로의 진입 장벽, 한일관계

그러나 그러한 기대 표명과는 달리 한일관계 현실은 녹록치 않다. 거의 모든 한일관계 전문가들이 현재를 1965년 국교정상화 이래 최악의 상태로 보면서, 개선의 가능성을 찾지 못한 채 더 악화될 가능성을 우려하고 있다. 문제는 한일관계 그 자체보다도, 한일관계가 꼬일 대로 꼬여 문재인 정부가 추진하는 한반도 평화프로세스에 부정적인 영향을 미칠 가능성이 있다는 점이다. 한일관계가 새로운 시대에 진입하지 못하는데 한반도 평화가 홀로 새로운 단계로 진입하는 게 쉽지 않을 것이다. 결국 한일관계의 '1965년 문제' 풀이가 한반도 평화프로세스의 지속가능성을 가늠하는 기준이 되고 있다.

주지하는 바대로 1965년의 한일기본조약에서는 1910년에 이르는 대한제국과 일본 사이의 협약과 조약들이 '불법'으로 체결되었다는 사실을 확정하지 못했다. 따라서 '불법 행위에 대한 배상'을 확보하지 못하고, 재산 등 민사상의 권리에 대해서만 청구권협정으로 따로 처리했다. 다만 기본조약에서 이들 협약과 조약은 '이미' 무효가 되었다는 사실만을 확인했는데, '이미'가 가리키는 시점을 두고 한국에서는 당초부터 무효였으며 따라서 식민지 지배가 불법이었다고 주장하는 반면, 일본에서는 과거의 협약과 조약이 양국의 합의에 따라 체결되어 식민지 지배도 합법적으로 실시되었으나 사후에 무효가 되었다는 주장을 굽히지 않아, 각자 편의적으로 해석해 온 것이 현재에 이르고 있다.

한일 사이에서 과거사 문제가 불거질 때마다 등장하는 1965년 청구권협정도 이 기본조약의 한계 위에서 체결된 것이다. 청구권협정은 1조에서 일본이 한국에 대해 유무상의 경제협력을 실시하며, 2조에서 청구권 문제가 '완전히 최종적으로' 해결되었음을 양국이 확인한다는 내용으로 되어 있다. 여기에서 1조와 2조의 관계가 문제다. 일본 정부는 서로 관계없는 내용이 병기되어 있을 뿐이라는 입장이며, 한국 정부는 1조의 행위에 따라 2조의 결과가 되었다는 해석을 취하고 있다. 즉 일본 정부는 애초에 금전을 지불할 어떠한 의무도 존재하지 않지만 일본이 한국의 독립을 축하하는 의미에서 경제협력을 실시함으로써 한국이 더 이상 청구권을 주장하지 못하게 되었다고 해석하고 있다. 이에 반해 한국 정부는 청구권 문제를 해결하기 위해 일본 정부가 경제협력을 실시했다는 해석을 취하고 있다.

일본이 2015년 한일 위안부 합의에 따라 지불한 10억 엔을 법적 배상이라고 인정하지 않는 것도, 강제징용 노동자에 대한 대법원 판결을 '국제법 위반에 해당하는 폭거'라고 비난하는 것도 모두 '1965년 문제'에 기인한다. 결국 '1965년 문제'를 극복하지 못하는 한 한국에서 새로운 100년으로 진입하는 것도, 일본에서 레이와를 새로운 시대로 맞이하는 것도 불가능하다.

'1965년 문제의 돌파를 위하여

그러면 '1965년 문제'를 어떻게 돌파할 것인가? 이에 답
하기 위해서는 1965년에 이르는 역사에 더해 1965년 이
후의 역사를 동시에 이해할 필요가 있다. 1990년대 탈냉
전과 함께 한국에서는 시민사회가 성장하여 오래 방치되
어 왔던 미완의 역사문제를 제기하기 시작했다. 그 첫
포문은 두말할 것도 없이 일본군 '위안부' 문제였다. 위안
부 문제 해결을 요구하는 한국 시민운동의 고양에 우리
정부가 일본 정부에 해결을 요구하기 시작했고, 이에 일
본이 호응하면서 일본의 역사인식이 차츰 개선되는 듯
했다.

　1993년의 고노담화, 1995년의 무라야마담화, 1998년의
김대중-오부치 공동선언을 거치면서 일본은 한국에 대한
식민지 지배 사실을 인정하고, 그로 인해 한국 국민에게
끼친 고통과 손해에 대해 사죄와 반성을 표명했다. 그리
고 2010년 한국병합 100년을 반성하는 간 나오토 담화를
통해, 1910년 조약이 '한국인의 의사에 반해 체결되었다'
는 사실과 강제성을 처음으로 인정했다.

　이러한 역사인식의 발전에 동반해서 일본은 1965년에
미완에 그친 과제들에 대해 해결하려는 노력을 보이기

시작했다. 비록 법적 책임이 아니라 도의적 책임을 인정한 데 불과한 것이긴 하지만, 사할린 동포의 귀국사업과 한국인 피폭자에 대한 지원도 했다. 이렇게 1965년의 한계를 극복하기 위해 양국 정부와 시민사회가 함께 노력해 온 과정이 있었다. 이를 이해하고 그 노력들을 수용하면 한일관계를 둘러싼 비관주의도 함께 극복할 수 있다.

한국-북한-일본의 '3자 역사선언'의 제언

먼저 우리 정부가 지혜와 용기를 내야 한다. 냉엄한 국제정치 현실 속에서 정의의 원칙을 지켜내는 것은 쉬운 일이 아니다. 그래서 과거 정부는 늘 외교의 현실에 타협하고 말았다. 이제 이번 정부가 용기를 내야 한다. 두 방면으로 용기를 내야 한다. 일본에 대해서는 정의의 원칙을 더욱 강력히 제기하고 문제를 극복하는 데 함께 노력하자고 설득해야 한다. 동시에 우리 국민에 대해서는 냉엄한 국제정치 현실 속에서 더 나은 미래로 가기 위한 길을 솔직하게 털어놓고 이해를 구해야 한다.

그리하여 일본 정부는 1910년 조약의 강제성과 불법성을 명확히 기록하고, 한국 정부는 이에 대해 더 이상의 배상을 요구하지 않는다고 명기하는 새로운 역사선언의 채택을 제안한다. 이는 한일 양국 정부가 그동안 쌓아온 노력을 서로 인정하는 것으로 추가 노력 없이 이를 추인할 용기가 필요할 뿐이다.

한일 사이에 이러한 내용의 새로운 역사선언이 필요한 것은 다가올 북일 국교정상화가 한일 간의 전철을 밟지 않도록 하기 위함이다. 아베 총리는 레이와 시대가 열리자마자 북일정상회담에 의욕을 보이고 있다. 레이와라는 새로운 시대를 상징할 정치적 업적이 아무것도 없다는 게 이유가 될 수 있다. 북일 수교 교섭은 2002년의 북일공동선언에 기초해서 전개될 것이다.

거기에는 북일 국교정상화에 따라 일본이 북한에 경제협력을 실시한다는 내용이 담겨 있다. 이는 '1965년 문제'의 북일관계 버전이다. 북한과 일본은 한·일의 새로운 역사선언을 징검다리로 삼아 이 문제를 극복할 수 있다. 남북한과 일본은 두 양자 선언을 하나로 통합해서 식민지 문제와 관련한 한반도와 일본의 관계를 총괄하여 진정으로 새로운 시대에 진입할 수 있을 것이다.

임정 수립 100주년의 해에 새로운 100년을 맞이하는 한국과 헤이세이에서 레이와로 넘어가는 일본이 함께 새 시대로 진입하는 입구에 아직도 '1965년 문제'가 버티고 있다. 위안부 문제와 강제징용 노동자 문제가 제기된 지금이 이를 해결할 마지막 기회일 수 있다. 한·일 양국 정부가 동아시아의 평화와 번영이라는 대의를 위해 용기를 발휘해 주길 바란다.

지금 북한에 필요한 건
진정한 '우리 민족끼리'다

미·중 무역전쟁과 북한의 중국 카드

지금 벌어지고 있는 미·중 무역전쟁을 우려하는 목소리가 높다. 트럼프 행정부 초기에 사전조율이 시도됐으나 실패하고, 작년 6월 500억 달러 상당의 중국제품에 대한 25% 고율관세가 매겨지면서 무역전쟁이 시작되었다. 2018년 12월 1일 미·중 정상회담에서 타결을 시도했지만 결렬되었고, 마침내 트럼프 대통령은 올해 5월 10일 2,000억 달러 상당의 중국제품에 대해 10%에서 25%로 관세를 올리겠다고 발표했다. 중국도 600억 달러 상당의 미국제품의 관세를 최고 25%로 올렸다. 그러자 미국은 추가로 3,250억 달러 상당의 중국제품에 25% 관세를 매길 것이라고 맞받았다.

　미국의 관세 폭탄이 5월 10일 이후에 중국의 항구를 출발한 제품부터 적용되는 것이기 때문에 그 이전에 선적된 제품들은 미국에 도착할 때까지 적용받지 않는다. 하지만 중국은 미국이 요구한 4개 사항의 법제화에 대해 내정간섭이라고 반발하고 있어 타협 가능성이 높지 않다.

　이러한 미·중 무역전쟁은 가뜩이나 부진한 중국 경제 성장률에 부정적인 영향을 미치고 있을 뿐 아니라, 국제 경제의 불확실성도 크게 증폭시키고 있다. 중국내 외국 기업들은 고율관세를 견디지 못하고 새로운 투자처를 찾아 점차 다른 나라로 떠나게 될 것이다. 중국 내 한국 기업에도 어느 정도 타격을 줄 것으로 전망된다. 그나마 다행인 것은 중국의 사드보복 전후로 많은 한국 기업들이 이미 중국을 떠나 동남아로 진출했다는 점과, 중국제품의 대미수출 감소로 인해 우리에게 미치는 영향이 전체 수출액의 0.14%에 그칠 것이라는 전망이다.

　미·중 무역전쟁의 불똥이 튄 것은 뜻밖에도 한국이 아닌 북한이다. 미·중 양대 강국은 현안이 발생할 때마다 남북갈등을 이용해 우리에게 줄 세우기를 강요해 왔다. 사드 문제 발생 때가 가장 대표적이다. 그런데 지금은 양상이 바뀌었다. 미·중 무역전쟁에도 불구하고 남북화해가 진행되면서 상대적으로 한국은 미·중 사이에서 무풍지대가 되었다. 반면 대미 비핵화 협상에서 중국 카드를 꺼내들었던 북한은 오히려 미·중 무역전쟁의 카드 패(牌)

로 전락하고 말았다.

　김정은 위원장은 작년 3월 5일 대북 특사단을 만나 조건부 비핵화를 약속한 뒤, 3월 9일 우리 대미 특사를 통해 트럼프 대통령에게 북미 정상회담 의사를 전달해 성사시켰다. 그러나 그 뒤 김 위원장은 3월 25~26일 베이징을 전격 방문해 북중정상회담을 가졌고, 그 뒤에도 5월 7~8일과 6월 19~20일 잇달아 중국을 방문해 북중정상회담을 가졌다.

　특히 1차 북미 정상회담 직후인 세 번째 북중정상회담에서 김 위원장은 북한과 중국이 모든 현안에 대해 '한 참모부에서 협력하고 협동할 것'을 약속했고, 시 주석은 "두 당과 나라 관계의 불패성을 전 세계에 과시했다"고 화답했다. 이러한 '한 참모부' 약속을 지키려는 듯, 김 위원장은 자신의 생일인 금년 1월 8일 베이징으로 달려가 네 번째의 북중정상회담을 갖고 2차 북미 정상회담 대책을 협의하였다.

미국의 중국 견제와 중국의 대북 태도

그렇다면 과연 북한은 대미 비핵화 협상에서 중국 카드를 통해 자신이 원하는 결과를 얻어냈는가? 결론부터 말하면, 북한은 대미 협상에서 중국 카드가 전혀 먹히지 않았을 뿐만 아니라 오히려 중국이 자국의 이익을 우선

하는 냉엄한 국제현실에 직면했다. 이렇게 북미 비핵화 협상에서 미국에게 중국 카드가 먹히지 않은 이유는 무엇인가? 그것은 미국이 바라보는 미·중 무역전쟁과 한반도 문제, 특히 북한 핵문제와의 관계에 기인한다.

미국이 내건 첫 번째 이유는 '중국 무용론'이다. 트럼프 대통령은 2017년 4월 자신의 개인별장이 있는 플로리다주 마라라고에서 첫 미·중정상회담을 가졌다. 이 자리에서 두 정상은 미국이 요구한 대중 무역적자 해소방안을 중국이 마련하기로 약속한 '100일 플랜'을 발표하였다. 이 때 트럼프 대통령은 중국이 이 기간 동안 무역적자 해소뿐 아니라 북한 핵문제에 대한 해결책도 주문하였고 시 주석도 이를 받아들였는데, 이것이 이른바 '중국 아웃소싱론'이다.

미·중정상회담에서 북한 핵문제를 협의했다는 것이 알려지자, 북한은 이에 반발해 본격적으로 미 본토를 타격할 수 있는 대륙간탄도미사일 시험발사를 준비했고, '100일 플랜'의 시한을 앞두고 7월 4일 마침내 사거리 7,000km에 달하는 화성 14형의 시험발사에 성공했다. 중국을 통한 북한 비핵화 가능성이 낮다고 본 트럼트 대통령은 트윗을 통해 '중국 무용론'의 입장을 밝혔다.

2018년 5월 7~8일 김정은 위원장이 두 번째로 시 주석을 만난 뒤부터 북한은 미국 고위관리들에게 맹비난을 퍼부었다. 김계관 외무성 제1부상이 볼턴 국가안보보좌관을 비난한 데 이어 최선희 부상도 펜스 부통령을 비난하는 개인성명을 발표하자, 5월 25일 트럼프 대통령은 북미 정상회담을 취소한다고 전격적으로 밝혔다. 그는 북한 측이 미국에 대해 이렇게 비난을 퍼붓는 이유가 중국을 믿고 그러는 것이라며 '중국 배후론'을 제기하였다.

1차 북미 정상회담이 끝나고 김 위원장이 세 번째로 시 주석을 만나 북중관계를 과시한 뒤, 7월 7~8일 폼페이오 장관의 방북으로 열린 북미 고위급회담은 성과 없이 끝났다. 그 뒤 북측 초청으로 고위급회담이 재추진됐지만, 방북을 하루 앞둔 8월 25일 트럼프 대통령은 트윗을 통해 취소시켜 버렸다. 이 때 트럼프 대통령은 북한 비핵화의 부진과 함께 중국이 무역전쟁 때문에 소극적으로 나선다는 '중국 책임론'을 이유로 내세웠다.

김 위원장은 처음에 자신이 비핵화 조건으로 제시했던 군사위협 해소와 체제안전 보장이라는 요구를 뒤로 하고 제재해제를 전면에 내걸었다가 2차 북미 정상회담에서 미국의 거부로 합의문 채택이 불발되는 결과를 맞았다. 이때부터 미국에서는 북한이 유엔안보리 제재해제 카드를 꺼내든 데는 중국의 조언이 결정적이었다는 이른바 '중국 조종론'이 나왔다.

미국은 어떤 조건에서 대북 협상에 나섰나

북한은 나름대로 중국 카드를 이용해 대미 협상을 유리

하게 이끌어보려 했지만, 트럼프 대통령은 때론 활용하고 때론 견제하면서 미·중 무역협상과 북한 비핵화 협상을 적절히 다루어 왔다. 이러한 미국의 협상전술 때문에 당장 무역전쟁을 치러야 하는 중국으로서는 미국의 눈치를 보면서 김 위원장이 언급한 '한 참모부' 역할을 제대로 할 수 없었다.

그렇다면 미국은 어떤 때 북한과 직접 협상을 거부하거나 또는 응해 왔는가? 북한이 핵무기 보유를 선언하자 부시 행정부는 6자회담에 나서기는 했지만 '선의의 무시(Benign Neglect)' 정책을 내걸며 6자회담 의장국을 중국에게 떠맡긴 채 '테러와의 전쟁'에 우선순위를 두었다. 그나마 북한이 2006년에 핵실험을 실시한 뒤에야 대북 비핵화 협상에 다소 적극성을 띠었을 뿐이다.

오바마 행정부는 대통령선거에서 북미 직접대화를 공약으로 내걸었으나 북한 핵문제는 점차 후순위로 밀려났다. 2010년 5월 서울을 방문한 힐러리 클린턴 국무장관이 처음으로 '전략적 인내(Strategic Patience)'를 언급한 뒤부터 미국은 직접대화에 나서기보다 유엔안보리 제재와 중국을 통한 압박, 미사일 방어망 도입, 한·미·일 3각체제 구축 등을 추진하였다.

그렇다면 미국은 어떤 때 대북 직접협상에 적극적으로 나섰나? 미국은 지금까지 두 번 적극적으로 임했다. 한번은 클린턴 대통령 때 이루어진 '제네바 기본 핵합의' 때이고, 다른 한번은 트럼프 대통령이 직접 나서 톱다운 방식으로 진행되고 있는 지금의 비핵화 협상 국면이다. 클린턴 행정부 때는 차관보급의 로버트 갈루치 북핵대사를 내세웠다면, 지금은 트럼프 대통령이 직접 나서고 있다는 점이 커다란 차이다.

먼저, 클린턴 행정부 때 미국이 북미 직접협상에 적극 나선 이유는 무엇일까? 그것은 25년 유효기간으로 1970년 3월에 체결된 핵무기비확산조약(NPT)의 시한이 다돼 무기한 연장 문제를 논의할 뉴욕 NPT연장회의를 앞두고 있었기 때문이다. 당시 이집트를 필두로 한 비동맹국가들은 기존 핵무기국가들의 소극적인 핵군축 태도에 불만을 표시하면서 NPT 무기연장에 반대하였고, 일본도 북한 핵문제의 미해결 등을 들어 부정적인 입장을 취했다. 그런 상황에서 미국은 북한 핵문제의 조기타결 필요성 때문에 북미 제네바협상에 적극 나서 합의문을 이끌어낸 것이다.

다음으로, 북미 비핵화 양자협상에 트럼프 대통령이 적극적인 이유는 무엇일까? 그 이유는 몇 가지로 분석해볼 수 있다. 첫째는 북한이 수소탄 실험과 대륙간탄도미사일 시험에 성공해 미 본토에 대한 위협을 가시화하자 어떻게든 대응하지 않을 수 없었다. 둘째는 김 위원장이 자발적으로 핵무기 포기를 약속했기에 어느 때보다 비핵화 가능성이 높아 트럼프 대통령의 재선에 도움이 된다고 판단했다. 셋째는 자기 문제로 인식하고 적극적으로 도와주며 설사 실패하더라도 정치적 책임을 나눠가질 문재인 대통령이라는 좋은 중재자가 있다. 마지막으로 미·중 무역전쟁에서 중국을 압박할 좋은 카드가 될 수 있다고 판단했기 때문이다.

한국을 잘 활용해야 기회가 생긴다

이와 같은 한반도 내외 정세에서 우리가 주목하는 점은 바로 미·중 무역전쟁과 북미 비핵화 협상의 상관성이다. 김정은 위원장은 트럼프 대통령이 첫 번째와 두 번째 이유 때문에 직접협상에 나온 것으로 판단했다고 생각된다. 하지만 지금 트럼프 대통령은 북미 직접협상을 미·중 무역전쟁의 승리를 위한 바둑판의 패로 활용하고 있을 뿐이다. 그렇기 때문에 만약 미·중 무역전쟁이 조기에 타결된다면 북한 카드는 효용성이 그만큼 줄어들 수밖에 없다.

요즈음의 추세로 볼 때 미·중 무역전쟁이 단기간에 끝날 것으로 보이지는 않지만, 어떤 방식으로든 무역전쟁이 봉합된다면 3차 북미 정상회담과 같은 기회는 찾아오기 어렵다. 봉합이든 타결이든 미·중 무역전쟁이 일단락된다면 북미 비핵화 협상의 동력이 크게 떨어져, 미국은 '선의의 무시'나 '전략적 인내' 정책으로 돌아갈 가능성이 높다.

그런 점에서 북한은 미국이 직접협상에 나온 세 번째

이유를 간과하면 안 된다. 바로 문재인 대통령이라는 변수다. 문 대통령은 국내 반대진영으로부터 터무니없는 정치공세를 감수하면서까지 한반도 문제를 풀기 위해 동분서주하고 있다. 지난 3.1절 기념사에서 새로운 100년의 시작점이라고 규정한 4월11일이 상해 임시정부 출범일임에도 비핵화 협상에서 미국이 이탈하지 않도록 설득하기 위해 워싱턴을 방문했다.

하노이 북미 정상회담에서 합의서 채택이 불발된 이후 북한에서는 지난 경과에 대한 복기, 현 정세의 재평가 및 인사교체가 이루어지고 있는 것으로 보인다. 그래서인지 몰라도 최근 북한의 대남, 대미 대응방식을 보면 어설프기 그지없다. 남측더러 미국과 잡은 손을 놓고 '우리 민족끼리'에 나서라고 연일 공세다. 유엔안보리 제재 하에서 '한 참모부'를 선언한 중국조차 못하는 경협사업을 남측더러 하라는 것인가? 인사교체에 따른 업무 미숙이라면 곧 해결될 수 있어 그나마 다행이지만, 만약 잘못된 정세인식에 기인하는 것이라면 우려스러운 일이 아닐 수 없다.

오는 6월말 트럼프 대통령이 서울을 방문할 예정이다. 한국 정부가 어렵게 만든 기회다. 때 맞춰 지금 남쪽에서는 대북 인도적 지원 재개와 개성공단 기업인의 방북 문제가 거론되고 있다. 하지만 북측에선 이렇다 할 반응을 보이지 않고 있다. 북측이 인도적 지원을 명분으로 남북대화에 나오기보다 먼저 남북대화에 나온 뒤 분위기

조성 차원에서 인도적 지원이 이뤄지는 것이 김 위원장의 체면도 살릴 수 있고, 향후 북미 비핵화 협상에서도 당당히 나설 수 있게 된다. 북한 당국은 이제라도 진정한 '우리 민족끼리'에 나서야 할 것이다.

북한 경제에 제재가 도전인가,
제재 해제가 도전인가?

대북 제재와 비핵화 협상

유엔과 국제사회는 북한에 대해 경제적 압박과 불이익을 주어서 핵무기를 포기하도록 강제하기 위해 여러 겹의 대북 제재를 촘촘하게 시행하고 있다.

현재까지 채택된 11건의 안보리 결의는 대량살상무기 통제에서 경제일반에 대한 타격까지 망라하고 있다. 북한의 수출비중 1위-4위 품목인 석탄, 의류, 수산물, 철광의 대외거래는 금지되었고, 원유 수입도 민생용에 한해 연간 400만 배럴로 제한되는데, 이는 한국 경제의 이틀간 소비량에 불과하다. 이 외에도 개별국가 차원의 제재가 가세하고 있으며, 미국은 제재를 위반하는 제3국을 대상으로 2차 제재(Secondary Boycott)도 시행하고 있다.

이렇듯 유례없이 강력한 제재는 그렇지 않아도 취약한 북한경제에 공급을 더욱 위축시키고 경제의 원활한 순환을 압박하는 치명적인 외부요인이 된다.

최대의 압박(Maximum Pressure)이 북한을 협상으로 끌어낸 것이라면 협상에 거시적 진전이 있을 때까지 이를 유지해야 할 것이다. 그러나 핵무장 때문에 미국이 협상에 응했다고 보는 김정은 위원장은 하노이회담 이후에 '적대세력의 제재해제 문제 따위에는 이제 더 이상 집착하지 않겠다'며 미국 태도에 변화가 있을 때까지 '까딱도 움직이지 않을 것'이라고 했다. (4월 13일, 최고인민회의 시정연설)

북한경제는 특수한 역사 경험 속에서 대북 제재라는 경제 외부요인의 도전에 대해 나름의 내성(耐性)을 다지면서 대응해 왔다는 것은 인정할 수 있다.

애초 북한경제의 대외의존도는 매우 낮으며 에너지 구조도 석탄 중심으로 짜여있기 때문에 비록 최근의 제재로 어려워졌다 하더라도 과거에 해본 것처럼 내핍생활로 힘들게라도 버틸 수 있을 것이다. 수출이 막힌 석탄을 내수시장에 돌리면 오히려 연료사정이 나아질 수도 있다. 특히 민주화되지 않은 북한체제에서 경제적 고통을 하층인민에게 큰 정치적 부담 없이 전가할 수 있는 북한 지도부로서는 그야말로 '까딱도 움직이지 않을' 가능성이 높다.

그럼에도 불구하고 북한이 하노이 회담에서 제재완화 문제에 집착한 것처럼 보이는 것은 북한 외교의 전술적 실수이기도 하지만 한편으로는 북한 경제의 다급해진 사정을 드러낸 것으로 이해된다.

대북 제재 환경에 적응하며 변화해 온 북한경제

고난의 행군이후 20여 년간 북한경제는 핵개발 비용의 부담과 지속적으로 강화되어온 국제적 제재 압박이라는 악조건 속에서 나름 생존을 위해 여러 방법을 통해 악착같이 적응력을 키워 왔다.

수해로 망가진 탄광과 농수로를 복구하고 소수력 발전소를 여기저기 만들며, 비료와 철강생산에 필요한 원부자재와 수입대체품의 개발, 생산자원의 절약, 소비생활의 내핍을 강조하며 대응해 왔지만 한번 망가진 사회주의 계획경제(공적 경제)는 다시는 원래대로 복구할 수 없었다.

결국 인민경제가 존속하기 위해서는 계획경제만으로는 불가능해져 자생적인 장마당 경제가 확산되었고 시장의 역할이 경제생산과 경제관리 양 측면에서 매우 중요한 의미를 갖게 되었다.

1차 북핵 위기 때 유엔 안보리가 채택한 첫 대북제재 (UNSCR 825호, 93년 5월) 이후 26년이 흘러가는 동안 북한 경제가 환경변화에 적응해 온 경과를 시장의 역할 중심으로 살펴보면 세 번의 전기(轉機)로 구분할 수 있다.

첫 번째 전기는 2002년 '7.1 조치'이다. 이 시기에 장마당 경제가 등장한다. 공급 부족으로 배급이 어려워지자 식량을 구하는 유일한 통로로 10일 마다 열리던 농민시장에 사람들이 매일 몰려들었다. 여기서 공산품을 포함한 거의 모든 생필품이 거래되면서 장마당이 형성되었다. 부족한 상품의 조달을 위해 중국 국경의 통상구가 개방되고, 무역기관이 아닌 기관 기업소도 대외거래에 참여했다. 공급부족으로 물량지표 대신 금액지표를 부여받은 사업소와 기관들이 독립채산을 하도록 떠밀렸기 때문이다.

이렇게 자생적으로 발전한 장마당을 합법화한 조치가 2002년 '7.1 조치'이다. 북한당국은 장마당 거래를 용인하였고, 생산단위의 계획목표를 물량단위에서 금액지표로, 분배기준도 생산실적에서 벌어들인 수입(번수입)으로 변경했다. 사업장 고유의 생산품과 상관없이 다양한 품목의 거래에 참여하기 시작한 생산단위는 당·정·군의 힘 있는 기관과 뒤섞여서 국내유통망과 대외무역망에 뛰어들었다. 내부공급 증가보다는 암시장과 밀거래를 통해 외부공급이 늘어 그럭저럭 인민경제에 숨통이 트였다. 여기에 외부원조 물품들도 한몫 했다.

이렇게 공식경제는 정체된 상태에서 오히려 비공식경제로 모든 물자가 유통되자 위기위식을 느낀 북한당국은 2005년 하반기 이후 장마당 경제에 점진적으로 통제를 가하고 이런 저런 단속을 강화했다.

그리고 2009년 11월 갑자기 화폐교환 조치를 단행해 장마당을 통해 축적된 화폐를 강제 회수하고 중앙집중식 계획경제로 회귀하려 시도했다. 그러나 장마당을 대신해야 할 공적부분이 정상화되지 못한 것이 뒤늦게 판명되어 극심한 혼란을 겪고 경제부총리가 처형되었다. 이때가 두 번째 전기다.

화폐교환의 실패는 이제는 계획경제로 회귀할 수 없을 정도로 시장이 북한경제에 구조화 되어 있다는 점을 보여주었다. 2012년 출범한 김정은 정권은 이를 교훈삼아 오히려 장마당 기능을 이용해 북한경제에 활력을 불어넣으려 하고 있다. 장마당 돈주들의 자금력을 이용하여 평양시가지의 재건축이나 관광지 개발 등 여러 국가적 사업을 추진하고 있다. 세 번째 전기를 맞았다.

김정은 위원장이 2014년 경제일꾼과 담화를 하며 나온 이른바 '5.30 조치' 2016년 7차 노동당대회에서 밝힌 '우리식 사회주의 방법' 등이 이어지면서 농업분야에서는 분조관리제하에 포전담당제가 확대되어 초과생산량에 대한 분배단위를 쪼개서 영농의욕을 높이고, 국영기업소의 책임 관리제를 확대해 소매단위의 직거래와 가격협의 권한과 자율권을 허용하고 있다.

대북 제재로 공급이 원천적으로 제약받는 상황에서 각급 경제단위의 의욕을 높이고 경제 관리를 효율화하기 위한 노력이다. 여기에 국산기술을 이용한 수입대체 노력과 증산절약 및 부정부패 척결노력을 병행하며 국제사회로부터의 최대압박을 견뎌내고 있는 중이다. 그런데 이런 노력은 시장을 억압하여 계획경제를 살리려는 것은 아니지만 시장을 이용하여 계획경제를 유지하려 한다는 점에서는 한계가 있다, 외부공급이 차단된 상황에서 돈주의 자금을 활용할 수 있는 권력기관들의 권한만 강화되고 반면 인민경제 전반의 성장발전은 기대하기 어렵다. 김정은 집권이후 중앙과 지방에 지정한 26개의 경제개발구가 파리를 날리고 있고, 북한이 10년 만에 유엔대표부를 통해 국제사회에 식량지원을 공식 요청한 사실은 이를 뒷받침한다.

김정은 위원장이 '우리(북한)는 적대세력들의 항시적 제재 속에서 사회주의를 건설해 왔고...(중략) 장기간 핵위협을 핵으로 종식시킨 것처럼 적대세력들의 제재돌풍을 자립자력의 열풍으로 쓸어버려야 한다고 한 것처럼 앞으로도 북한경제는 제재라는 외부요인의 도전을 이런저런 대응책으로 그럭저럭(Muddling Through) 버텨 나갈지도 모른다.

제재완화도 지금의 북한경제 상황에서는 도전이 될 수 있다

북한은 지금 상황에서나 앞으로 상황이 호전되어 제재가 해제되더라도 과거 사회주의 계획경제로 되돌아 갈 수 있다는 미련을 버려야 한다. 국경이 없는 국제경제 질서

속에서 인민경제를 원활하게 운영하려면 강력한 국내시장의 역할이 필요하다. 관료들이 좌지우지하는 경제로는 세계경제의 흐름을 타고 성장 발전해 나가기 어려운 시대다.

북한이 비핵화로 대북 제재가 해제된다 해도, 현재 시장의 힘을 계획경제의 회복에 이용하려는 북한경제의 환경에서는 대규모 외부투자도 어렵거니와 자금이 들어와도 권력기관의 부정부패 속에 휩쓸려 사라질 가능성이 높다.

경제의 주동력을 시장의 자율구조에서 찾아야 한다. 정부는 시장을 이용하기보다 육성하는 연습과 준비가 필요하다. 정부는 시장이 활발하게 성장하도록 지원하면서 시장에서 약자 처지에 몰린 사람들을 돕는데 힘써야 한다. 그런 준비가 없다면 제재해제도 오히려 북한경제에 큰 충격과 도전이 될 수 있다.

최근 5월초 단거리발사체 훈련참관 이후 거의 한달 만에 현지시찰에 나선 김정은 위원장은 민생 현장에서 당간부들의 '일본새'를 질타했다. 김정은 위원장이 현지지도를 하며 화를 내는 모습은 여러 번 있었지만 하노이 회담이후 미국과 대립하면서 자력갱생에 의한 경제건설 총력전을 펴는 상황과 맞물려 눈길을 끈다. 경제의 활력은 야단맞는다고 생기는 것이 아니라 격려와 실질적 인센티브가 제공되어야 가능하다. 또한 그런 인센티브는 당간부의 권한으로 배분하는 것이 아니라 시장의 자율적 질서로 제공되어야 경제가 성장 발전할 수 있다.

북한으로서는 국제사회의 제재가 해제되느냐가 중요한 것이 아니다. 제재 해제가 모든 것을 해결하지 않는다. 만일 제재 해제에 매달려 비핵화 협상을 진행한다면 약점을 잡혀 생각보다 많은 대가를 치러야 할 뿐 아니라, 해제 이후에도 북한 경제를 담아낼 그릇이 없어 자생력은 더욱 떨어지고 말 것이다. 북한이 진정으로 비핵화를 원하고 인민경제 향상을 원한다면 지금부터라도 시장 친화적인 시스템 마련에 본격적으로 나서야 할 것이다. 협상을 촉진하고 제재 해제를 이끄는 힘을 바로 여기에서 찾을 수 있을 것이다.

비핵화의 '새로운 셈법'을 모색할 때다

북한 비핵화 조치에 대한 회고

북한은 2017년 6차 핵실험과 화성 15형 ICBM의 시험발사 후 국가핵무력 완성을 선언했다. 그러나 2018년 4월 21일 당 중앙위원회 제7기 제3차 전원회의를 개최하고 핵실험과 ICBM의 시험발사 중지, 북부 핵실험장 폐기, 핵무기와 핵기술을 이전하지 않을 것, 국제사회와 적극적 대화, 경제건설 총력 집중 등을 결정했다. 이는 사실상 핵실험과 미사일 발사에 대한 모라토리엄 선언에 해당한다.

이어 2018년 5월 24일 북부의 풍계리 핵실험장을 공개리에 폭파했는데, 이는 비핵화를 향한 행동에 나섰다는 것을 의미한다. 북한은 2006년 10월 9일 1차 핵실험을 실시한 이후 총 6차례의 핵실험을 모두 풍계리에서 실시했다. 풍계리 핵실험장은 북한이 보유한 유일한 핵실험장이다. 폭파 후 풍계리 핵실험장에 대한 검증이 없었다는 점에서 위장 폐기라는 의혹이 있지만 지하 수백 미터의 갱도로 이루어져 있는 핵실험장의 구조상 강력한 폭발 시 내부구조의 손상이 불가피하다. 풍계리 핵실험장의 복구가능성을 전면 부정할 수는 없겠지만 즉각적인 추가 핵실험을 단행할 수단은 없는 상태다.

6차례의 핵실험으로 핵기술을 완성했기 때문에 풍계리 핵실험장이 필요하지 않다는 논리도 설득력이 떨어진다. 북한의 핵탄두 소형화 기술에는 의문이 있으며, 각종 핵탄두를 제조하기 위해서는 지속적인 핵실험이 필수적이다. 핵무기의 신뢰성 검증과 현대화를 위해서도 핵실험이 필요하다. 「워싱턴포스트」지에 따르면 2017년 9월 현재 미국, 러시아, 프랑스는 각각 1032회와 715회, 198회의 핵실험을 실시했다. 미국은 2017년 12월 플루토늄을 이용한 임계 전 핵실험을 실시했으며, 러시아도 최근 낮은 수준의 핵실험(Zero-Yield Test)을 실시한 것으로 알려졌다. 기술 발달에 따라 컴퓨터 시뮬레이션 등으로 핵실험을 대체할 수 있다는 주장이 있으나 많은 실험을 통해 빅데이터를 확보한 미국과 러시아 등 핵무기 선진국에 해당되는 이야기다.

북한이 2018년 동창리 시설의 해체에 착수했다는 점도 주목할 필요가 있다. 우주발사체 기술은 탄도미사일에 동일하게 적용될 수 있지만, 동창리는 미사일 발사기지가 아닌 로켓의 발사와 엔진을 시험하기 위한 시설이다. 북한은 중장거리 탄도미사일 발사시험에 모두 이동식 발사대(TEL)를 사용했다. 미국은 북한이 아직 ICBM 기술을 완성하지 못한 것으로 판단하고 있으며, 동창리 시설을 해체할 경우 ICBM급의 새로운 로켓엔진의 개발과 시험 발사는 사실상 불가능하다고 판단하고 있다. 북한은 하노이 북미 정상회담 이후 동창리 시설의 일부를 복구하는 징후를 보였지만 어떤 상태인지는 확인되지 않고 있다.

북한이 하노이회담에서 제안한 영변 핵단지에 대해서도 객관적인 평가가 필요하다. 영변 핵단지는 원자폭탄(핵 분열탄)용 분열물질인 고농축 우라늄(HEU)과 플루토늄 생산시설을 포함한 북한 '현재 핵 프로그램'의 핵심이다. 영변 핵단지에는 HEU 생산을 위한 원심분리기(4000기 추정)와 플루토늄 추출을 위한 원자로 및 재처리시설(방사화학실험실)이 있다.

북한은 6차례의 핵실험 과정에서 수소폭탄(열핵무기) 기술을 적용한 것으로 추정되며, 이를 위해서는 3중수소인 트리튬이 필요하다. 3중수소는 영변의 원자로에서 생산할 수 있으며, 북한의 다른 지역에서는 생산이 불가능하다. 영변 이외의 지역에 고농축 우라늄 생산시설이 존재할 개연성이 높지만 영변 원자로를 폐기할 경우 플루토늄과 3중수소의 생산이 불가능해져 북한의 핵연료 주기(nuclear fuel cycle)는 손상을 피할 수 없다. 특히 플루토늄과 3중수소를 지속적으로 생산하지 못할 경우 핵탄두의 유지와 관리에 문제가 발생한다.

비핵화에 대한 북한의 최종적인 의도를 평가하기는 아직 이르다. 그러나 명백한 것은 2018년 이후 북한이 취한 일련의 행동은 비핵화의 초기단계 실행조치로 볼 수 있다는 점이다.

미국의 행보와 변화 가능성

트럼프 대통령은 6.12 싱가포르 북미 정상회담 이후 만족스러운 평가를 내놓았으며, 미군 유해송환과 북한이 억류하고 있던 미국계 인사들의 석방에 대해서도 크게 환영했다. 트럼프 대통령에게 북미 비핵화 협상은 미국의 역대 정부가 해내지 못했던 성과로 치장되고 있다.

반면 미국은 북한에 대해 그 어떠한 상응조치도 취하지 않았다. 미국은 비핵화의 최종 목표가 '최종적이고 완전하게 검증된 비핵화(final, fully verified denuclearization, FFVD)'이며, 완전한 비핵화 이전에 제재 해제는 없다는 입장을 고수하고 있다. 북한이 핵실험 및 ICBM 시험발사를 중단하고 북미 비핵화 협상에 나선 2018년 미국은 대북 독자 제재를 오히려 강화했다. 미국은 북한의 비핵화 조치와 의지의 진정성에 의문을 품고 있지만, 북한은 자신들의 선제행동에도 불구하고 아무런 상응조치가 취해지지 않고 있다는 점에 불만을 품고 있다.

하노이 2차 북미 정상회담은 북한에게 큰 타격이었을 것이다. 핵연료 주기의 핵심인 영변 핵단지의 영구폐기 의사를 밝혔지만 미국으로부터 어떠한 상응조치도 유도해내지 못했기 때문이다. 미국은 하노이회담 이후에도 완전한 비핵화 이전에 제재 해제는 없다는 입장을 반복하고 있으며, 제재의 공조체제 강화에 주력하고 있다. 영변 핵단지를 비롯해 핵탄두와 탄도미사일 제조시설, 이미 생산된 운반수단과 핵물질 및 핵탄두 등 북한 전역에 산재한 핵프로그램을 단기간에 해체하는 것은 불가능하다. 참고로 2017년 운영을 중단한 고리1호기 원자력발전소의 폐기에는 10년 이상의 시간이 소요된다. 북한의 입장에서 완전한 비핵화 이후 제재 해제라는 미국의 주장을 받아들이기 어려운 이유다.

미국은 대북제재의 효과를 확신하고 있으며, 북한의 양보를 강요하는 일방적인 행보를 지속하고 있다. 북한이 그동안 미국과 국제사회의 불신을 초래했다는 원죄에도 불구하고 현재와 같은 상황에서 북한이 파격적인 양보를 할 개연성은 높지 않다. 미국의 상응조치가 없는 상황에서 추가적인 양보는 김정은 위원장으로서 소위 '최고존엄'의 위상추락이 불가피하기 때문이다. 제재의 효과가 지도층이 아닌 취약계층과 일반주민들에게 집중된다는 것도 한계다.

문제는 사실상 이미 대선 캠페인에 들어간 미국 국내 정치와 트럼프 대통령의 속내다. 미국 내 일반적 정서는 북한에 대한 불신이며, 대북제재 유지에 대해 공감대가 형성되어 있다. 볼턴 보좌관을 포함한 강경파뿐만 아니라 국무부와 재무부 등 대부분의 관료 역시 제재의 유지와 강화에 동의하고 있다. 트럼프 대통령이 제재 해제를 상응조치로 북한과 협상하기 어려운 환경이다.

'새로운 셈법'의 모색

김정은 위원장은 지난 4월 시정연설을 통해 북미 협상의 시한을 금년 말로 정하고 미국이 '새로운 셈법'을 가지고 나올 것을 요구했다. 아울러 더 이상 제재 해제에 매달리지 않겠다는 점도 분명히 했다. 북한 당국과 매체들은 자신들이 정당한 조치를 취했으며, 이에 대해 미국이 '새로운 셈법'을 가지고 나와야 한다는 주장을 반복하고 있다.

하노이회담에서 북한의 패착요인 중 하나는 제재 해제라는 미시적 대상을 목표로 삼았다는 점이다. 싱가포르 북미 정상회담 합의문은 양국관계 정상화, 평화구축, 비핵화, 유해송환 등 4가지로 구성되어 있다. 북미 간 가장 핵심적인 사안은 적대관계 해소이며, 핵문제의 해결은 그 일부에 해당한다. 북미관계가 개선될 경우 제재 해제는 자연스럽게 동반되는 부수적 성격을 띠고 있다. 즉각적인 제재 해제가 어려운 현실에서 영변 핵단지 또는 일련의 비핵화 조치에 대한 상응 조치로 북미관계 개선을 목표로 설정했다면 일정한 합의가 가능했을 것이다.

'포괄적 합의/단계적 이행' 방식은 현 단계에서 고려가 가능한 현실적인 비핵화의 해법이 될 수 있다. 포괄적 합의는 비핵화의 개념을 보다 명확하게 규정하고 큰 틀에서 비핵화의 스케줄과 로드맵을 도출하는 것이다. 단계적 이행은 북한 비핵화 프로세스의 장기적 속성과 복합성을 감안해 폐기 절차를 몇 단계로 나누어 진행하는 것이다. 핵심은 초기단계의 상호신뢰성 확보이며, 북한은 영변 이상을 내놓기 어렵고, 미국은 제재를 해제해 주기 어려운 상황을 감안한 절충안이 필요하다. 따라서 북한의 영변 핵단지 폐기 제안에 대해 한국과 미국이 상응조치를 분담하는 방식이 모색될 수 있다. 이는 북한이 제안한 비핵화 조치에 대해 미국이 정치적 차원의 상응조치, 한국은 경제적 차원의 상응조치를 취하는 일종의 등식관계로 정리될 수 있다.

북미 간에는 싱가포르 합의문에 따라 양국관계 개선에 주력할 필요가 있다. 북한의 비핵화 조치를 전제로 북미 양국이 연락사무소를 설치하고 인도적 지원과 북한 방문 금지조치 등을 해제하는 것을 고려할 수 있을 것이다. 연락사무소는 적대국간 관계정상화의 출발점으로서 상호 신뢰구축에 있어서 매우 중요한 의미를 지닌다. 나아가 남북이 9.19 군사분야합의서를 통해 사실상의 종전선언과 불가침에 합의한 만큼 북미 종전선언 또는 평화선언을 도출하는 방안도 고려할 수 있을 것이다. 종전선언은 과거의 전쟁을 종료하는 것이지 미래의 불가침 약속이 아니라는 점에서 현 단계에서 미국도 충분히 고려할 수 있는 대안에 해당한다. 인도적 차원에서 대북지원을 재개하고 인적교류를 허용할 경우 유엔의 대북제재 결의안 중 일부인 북한 노동자 송출 금지 문제 해결에도 숨통이 트일 수 있다. 노동자 송출 금지는 개인의 기본권을 제약하는 것이기 때문이다.

한국정부는 경제적 상응조치를 취함으로써 북한의 요구를 일정 정도 수용하는 대안을 마련할 필요가 있다. 한국정부가 취할 수 있는 경제적 조치는 대규모 인도적 지원, 금강산 및 개성공단사업 재개, 5.24조치의 해제 등이 될 것이다. 우선 대규모의 인도적 지원, 즉 식량지원 카드를 활용해야 할 것이다. 북한의 주장에 의하면 금년에 148만 톤이 부족하며, 이는 종자와 사료 등 모든 소요량을 합산한 것이지만 대략 북한의 1일 식용 소비량이 1만 톤 내외라는 점을 감안할 경우 북한의 식량난은 자체해결이 어려운 심각한 상황이라고 볼 수 있다. 대규모의 식량을 지원할 경우 북한이 외면하기 어려울 것이다.

금강산관광사업, 개성공단사업, 그리고 5.24조치는 모두 한국 정부가 단독으로 취한 조치라는 점에서 국제제재와 성격이 다르다. 관광분야는 제재 대상이 아니라는 점에서 금강산관광사업의 재개는 상대적으로 용이하며, 원산 금강산 국제관광지구 개발에 공을 들이고 있는 북한으로서도 관심을 보일 가능성이 있다. 개성공단사업의 재개 역시 북한이 요구하고 있는 사안이지만, 많은 부분 제재와 중첩된다는 점에서 창의적인 해법이 마련될 필요가 있다. 5.24 조치의 경우 제재와 관련이 적고 북한에 실익이 있는 분야에서부터 우선적으로 해제를 추진할 수 있을 것이다. 북한 선박의 남측 해역 운항 금지 조치 해제, 대북 지원사업 재개, 방북 불허 및 북한 주민 접촉 제한 조치 해제는 현재로서도 가능한 사안이며, 남북 간 교역 및 물품 반출입 등은 상황을 고려해 조치할 수 있을 것이다.

이 사안들은 미국과 UN의 양해가 필요하지만 한국정부가 독자적으로 결정할 수 있는 사안이다. 한국정부가 경제적 상응조치를 취할 경우 트럼프 대통령은 미국의 제재 해제 부담을 덜 수 있다는 점에서 고려할 수 있는 대안이다. 김정은 위원장으로서도 북미 관계개선과 경제적 실리를 동시에 도모할 수 있다는 점에서 관심을 가질 수밖에 없을 것이다.

물론 한국정부의 경우 책임과 부담이 발생하며, 특히 협상이 결렬될 경우 대내외의 비판에 직면하게 될 개연성이 있다. 그러나 한국정부는 어떠한 경우에도 남북관계를 지속해야 한다는 점에서 부담의 감수는 당연한 일이다. 남북관계를 불가역적인 단계로 진입시키고, 비핵화를 견인하는 것은 한국정부의 중요 과제다. 이를 위한 정치적 결단과 아울러 적극적인 대국민 설득의 필요성이 있다.

한미 정상회담에서 돌파구를 찾아야 한다

'포괄적 합의/단계적 이행' 방식에 기초하여 초기 단계에서 한미와 북한 간 신뢰관계가 형성될 경우 비핵화 협상의 순조로운 이행을 기대할 수 있을 것이다. 비핵화 협상의 골든타임이 김 위원장이 시한으로 정한 연말까지가 아니라는 점을 주목해야 한다. 비핵화 협상의 동력을 창출하지 못할 경우 교착국면의 장기화 가능성도 배제할 수 없다. 무역분쟁과 홍콩 시위사태 등으로 인한 미·중 대립구도가 격화되고 있고, 유조선 피격 사건에 따른 미국과 이란간의 긴장도 고조되고 있다. 트럼프 행정부의 외교에 있어서 북한 문제의 우선순위가 뒤로 밀릴 수 있는 상황이라는 점에서 경각심을 가져야 할 것이다.

6월 말의 한미 정상회담은 비핵화 협상 교착국면을 타개하는 결정적인 계기가 되어야 한다. 김정은 위원장의 선택만 기다릴 것이 아니라 한미 정상회담을 통해 북한을 견인해 내기 위한 해법을 적극적으로 모색해야 할 것이다. 하노이의 교훈은 한국정부의 역할이 북미 간의 만남을 주선하는 데 그칠 것이 아니라, 양측이 동의할 수 있는 절충안을 지속적으로 투입해 주어야 한다는 점이다. 북미 간 불신이 상존하는 상태에서 협상으로 이견을 좁히는 방식의 한계가 드러났기 때문이다. 6월 말 한미 정상회담을 앞두고 한국의 외교안보라인, 특히 대미 외교팀의 역할이 그 어느 때 보다 중요한 시점이다.

이제는 진정한 당사자로 나설 때다

역사적 사건, 판문점 북·미 정상회담

2019년 6월 30일 15시 46분 트럼프 미국 대통령이 판문점 군사분계선을 넘어 북한 땅을 밟았다. 그리고 김정은 위원장과 함께 남쪽 지역으로 되돌아온 후 남·북미 정상이 판문점에서 손을 맞잡았다. 세계 언론은 판문점 상황을 실시간으로 전달했다. 4.27 '판문점 선언' 이후 판문점은 다시 세계의 이목을 집중시켰다.

양측이 환담에서 밝혔듯이 이번 북미 정상의 판문점 회담은 불과 하루 만에 성사된 갑작스런 사건이었다. 그렇지만 하노이 회담 이후 교착의 후유증과는 별개로 북미간 대화 재개를 위한 분위기는 익어가고 있었다. 4월 24일 김정은 위원장은 푸틴 러시아 대통령과의 회담을 위해 러시아 블라디보스톡을 찾았다. 회담 직후 푸틴 대통령은 북한의 비핵화 의지와 함께 체제 안전보장을 원하는 북한의 입장을 지지한다고 표명했다. 김정은 위원장이 언급했던 북한을 지지하는 세력을 형성하기 위해 국제사회의 연대를 시작한 것이다.

6월 20일 시진핑 주석은 집권 후 처음으로 평양을 국빈 방문했다. 미국과의 무역전쟁이 한창이던 중국은 러시아에 이어 북한을 방문하며 중국의 지지세력을 결집하는 모양새를 연출했다. G20 정상회의에서 마주 앉은 미·중의 정상은 극한으로 치닫던 무역전쟁에서 숨 고르기를 결정했다. 미·중의 충돌을 우려했던 세계 각국은 일단 안도했다.

다른 한편으로 북미 정상간의 친서외교가 전개됐다. 트럼프 대통령이 재선 캠페인의 시작을 선언한 시점에 즈음하여 김정은 위원장의 친서가 트럼프 대통령에게 날아들었다. 트럼프 대통령은 김정은 위원장의 친서 접수를 확인하며 '흥미로운' 내용이 있다고 밝혔다. 트럼프 대통령은 답장의 친서를 김정은 위원장에게 보냈고, 북한 역시 '흥미로운' 내용이 있음을 공개적으로 밝혔다. 미묘한 시점에 양 정상들의 친서 외교는 세간의 이목을 집중시켰다. 그리고 일본 오사카 G20 회의에 참석하면서 트럼프 대통령은 한국을 방문하는 김에 오래전부터 계획했던 DMZ 방문을 언급하며 김정은 위원장을 만날 수 있으면 좋겠다는 뜻을 SNS를 통해 전달했다. 김정은 위원장은 기다렸다는 듯이 트럼프 대통령의 제안을 수용했다. 그리고 판문점의 역사가 새롭게 쓰인 것이다.

주목해야 할 세 가지 요소

긴박하게 전개된 판문점 북미 정상회담은 세 가지 측면에서 변곡점을 마련했다. 첫째는 한반도 비핵화와 평화체제 프로세스의 불씨를 확실하게 살렸다는 점이다. 트럼프 대통령은 회담 후 2~3주 내 실무협상을 재개하겠다는 것과 김정은 위원장을 백악관에 초대했음을 밝혔다. 앞으로의 진행을 지켜봐야 하겠지만, 하노이 회담 결렬 이후 한반도 비핵화와 평화체제 구축을 위한 그동안의 노력이 물거품이 될 수도 있다는 불안감을 털어내는 성과가 아닐 수 없다.

심지어 북한은 한국의 노력에 찬물을 끼얹는 '오지랖'이라는 발언까지 서슴지 않으며 한국을 궁지로 몰았다. 북러 정상회담과 북중 정상회담은 한국의 중재 역할에 대한 회의론을 야기시키기도 했다. 그럼에도 불구하고 문재인 대통령은 흔들림 없이 비핵화 협상의 재개를 위한 노력을 지속했다. 비록 판문점 북미 정상회담이 양 정상들의 순간적인 판단으로 이루어졌다고는 하지만, 하노이 회담 이후 대화의 불씨를 살리려는 한국의 노력이 없었다면 성사되기 어려웠을 것이라는 점은 부인할 수 없다.

둘째, 한반도 비핵화 여정은 '톱다운' 방식이 가장 효과적임을 재확인했다는 점이다. 실무차원에서 볼 때 미국과 북한의 주장은 평행선을 그릴 수밖에 없다. 체제 안전보장을 원하는 북한은 자신들의 유일한 카드인 비핵화를 일시에 다 내놓을 수 없다. 순차적인 행동을 통해 신뢰를 쌓아 나가면서 궁극적인 목표를 달성하겠다는 것이 북한의 주장이다. 반면 급할 것 없는 미국은 비핵화의 최종 모습을 먼저 확정 짓고 최종적인 비핵화를 위해 단계별 절차를 거쳐야 한다는 입장에서 물러서지 않았다. 북한이 자신들이 원하는 것, 즉 경제제재 완화를 얻게 되면 특정 시점에서 비핵화를 하지 않을 수 있다는 불신이 깔려 있기 때문이다.

이러한 평행선을 서로 만날 수 있게 하는 것이 정치적 결단이다. 트럼프 대통령은 재선 캠페인을 시작했다. 이에 도움이 된다면 크게 손해 보지 않는 차원에서 정치적 결단을 내릴 수 있다. 하노이 회담이 결렬됐던 날 미국에서는 트럼프 대통령에게 대단히 불리한 청문회가 열리고 있었다. 김정은 위원장의 친서는 싱가포르 1차 북미정상회담 1주년을 즈음해서 보내졌지만, 트럼프 대통령이 재선 캠페인을 시작한 시점과 일치한다.

트럼프 대통령이 SNS를 통해 판문점에서 김정은 위원장을 만났으면 좋겠다는 메시지를 전달한 시기에 미국에서는 민주당 대선주자들의 토론회가 진행되고 있었다. 트럼프 대통령의 G20 참가와 한국 방문은 미국 언론의 관심 대상이 되기 어려웠다. 이를 일시에 뒤집은 것이다. 더욱이 김정은 위원장의 화답은 효과를 극대화하기에 충분했다. 미국 언론은 물론 일본 언론까지도 정규 방송을 제치고 생중계를 실시했다. 이렇듯 '톱다운' 방식은 실무적으로 평행선을 그릴 수밖에 없는 사안을 정치적으로 타결점을 찾을 수 있게 만드는 마술과 같은 힘을 가진 것이다.

셋째, 한반도 비핵화의 판이 바뀌었다는 점을 주목해야 한다. 하노이 회담 결렬 이후 김정은 위원장은 잠시 착각했다는 점을 솔직히 시인했다. 비핵화와 맞바꿀 대상은 경제제재 완화가 아니라 북한체제의 안전보장이라는 점을 분명히 했다. 비핵화의 전제조건으로 제재 완화나 경제적 지원을 요구하지 않겠다는 의도를 보인 것이다.

그렇다면 비핵화의 다른 반대급부는 체제 안전보장이다. 미국과의 수교, 또는 연락사무소 개설 등과 같은 북미간의 문제를 넘어서서 한반도와 동북아의 평화체제 구축으로 외연을 확대한 것이다. 이는 북러, 북중 정상회담을 통해 확인할 수 있다. 푸틴 대통령과 시진핑 주석은 북한의 주장을 지지한다는 입장을 강조했다. 비록 이번 판문점 북미 정상회담에서 구체적인 내용이 밝혀지진 않았지만 보다 큰 틀에서의 논의가 진행될 것임을 암시한다. 그리고 그 중심에 북한과 미국이 있다는 점을 확인했다. 판문점 남쪽 구역에서 북미 정상회담이 개최됐지만 문재인 대통령이 배석하지 않았다는 점도 이러한 판세의 변화를 반증하는 것이다.

더욱 중요해진 한국의 당사자 역할

북한은 중재자, 촉진자를 자처했던 한국에 대해 원색적인
표현을 사용하며 비난 공세를 이어갔다. 그럼에도 불구하
고 한국은 흔들림 없이 중재자와 촉진자 역할에 충실했
다. 판문점 북미 정상회담에서도 그 모습에는 변함이 없
었다. 문재인 대통령은 북미 정상이 충분한 시간을 가질
수 있도록 판을 깔아주는 데 최선을 다했다고 평가할 수
있다.

이제 한국의 역할은 중재자와 촉진자의 역할을 넘어서
당사자로서 분명한 모습을 보여야 한다. 북미간에는 트
럼프 대통령과 김정은 위원장이 큰 틀에서 방향성을 재
확인 했을 것이며, 실무진들은 조만간 이를 실현하기 위
한 협상을 진행할 것이다.

그러나 남북간에도 진행해야 할 일이 있다. '판문점 선
언'에서 '평양 선언'에 이르기까지 합의된 내용을 치밀하
게 실행에 옮겨 나가야 한다. 북미간 실무협상에서 나타
나는 갭을 한국이 메워 나가겠다는 소극적 입장에서 벗
어나야 한다. 개성공단과 금강산 관광 재개를 위해 미국
의 허락을 받는 모양새보다는 스스로 재개의 명분과 원
칙을 확실히 해야 한다. 예를 들면 관광사업과 인도적

지원은 국제제재의 범주에 들어가지 않는다. 그러나 관광을 하기 위해 접근하는 수단과 방법은 국제제재의 범주에 들어갈 수 있다. 인도적 지원 역시 지원 자체는 문제가 없으나 현실적으로 지원을 위한 선박을 확보하는 일이나, 지원물자 구입을 위한 현금 송금 등은 제재의 범주에 있다. 이를 풀기 위한 노력을 전개해야 한다.

남북간의 교류는 민족 내부간 거래이기 때문에 원론적으로 볼 때 국제제재와는 무관하다고 할 수 있다. 우리가 확고한 입장과 명분으로 국제사회를 끈질기게 설득하고 대안을 제시한다면 길이 없는 것도 아니다. 북한을 방문하는 중국 관광객이 크게 늘고 있고, 국제기구나 NGO들의 대북지원은 지속되고 있다. 이들의 지원 역시 현실적으로 국제제재에 속하는 내용임은 크게 다를 바 없다. 그럼에도 불구하고 국제기구나 NGO들은 최종 목표가 인도적 지원이라는 내용으로 보이지 않는 곳에서 지속적으로 유엔을 설득하고 있고 이를 통해서 지원이 성사되는 사례가 늘고 있다. 한국은 대북지원에 어려움이 있더라도 쉽게 포기하지 말고, 제재의 범주에 들어가지 않도록 끈질기게 설득하는 노력이 필요하다. 대북지원을 결정하고도 직접 판문점을 거쳐 지원하지 못하고, 국제기구를 통해 지원하는 모습은 지금과 같은 국면에서 바람직해 보이지 않는다.

이제 우리는 무엇을 원하며, 원하는 것을 얻기 위해 무엇을 할 것인지 명백히 해야 한다. 미국이나 북한의 대화 재개를 위한 중재자 역할은 충분히 했다. 중재자는 양쪽의 눈치를 살필 수밖에 없다. 이제 우리도 우리의 이익을 챙겨야 한다. 어려운 북한 주민들을 돕기 위한 인도적 지원을 과감히 하는 한편, 국제제재와는 별도로 개성공단을 폐쇄하고, 금강산 관광을 중단했던 근본 원인을 해소해야 한다. 북미 대화의 끈을 연결하기 위한 남북교류가 아니라, 한반도 평화와 번영을 위한 교류를 위해 먼저 논의해야 할 사안을 과감하게 풀어나가야 한다. 이것이 진정한 당사자의 모습이다.

수렁에 빠진 한일관계,
어떻게 대처할 것인가

3.1운동 100주년에 벌어진 일본의 경제 도발

올해는 일제 식민지 지배에 항거해 100만 명이 넘는 민중들이 독립을 외친 3.1운동이 일어난 지 꼭 100년이 되는 해다. 일본 제국주의자들은 독립을 외친 수천 명의 우리 민중들을 총칼로 무자비하게 학살했다. 이를 계기로 중국으로 망명한 애국지사들이 그해 4월 11일 상하이에서 대한민국 임시정부를 수립했다. 문재인 대통령은 지난 3.1절 기념사에서 임시정부 수립 100주년을 계기로 새로운 100년을 내다보는 신한반도체제를 제시하였다.

또한 올해는 아키히토 일왕이 31년간의 재위를 마치고

새로운 일왕이 등장해 '레이와(令和)'라는 연호를 가진 새로운 시대의 개막을 선포한 해이기도 하다. 나루히토 일왕이 1960년생, 아베 총리가 1954년생으로 일왕과 총리가 모두 전후 세대다. 그래서 우리 국민들은 일본이 과거 침략전쟁과 식민지 지배의 과오를 되돌아보면서 한일 간에 새로운 시대를 열어나가기를 기대했다.

하지만 아베 총리는 한국의 주력상품인 반도체 제조에 들어가는 3개 핵심소재에 대해 수출규제에 착수한 데 이어, 한국을 '화이트리스트' 국가에서 제외하려는 등 본격적인 경제보복 조치에 나서고 있다. 이것은 총칼 대신 경제를 앞세워 제2의 침략을 감행하는 것과 진배없다. 3.1운동 100주년이고 일본도 새 일왕이 즉위한 의미 있는 해에 일본 정부가 자숙은커녕 또다시 경제보복 조치라는 공격을 가해온 것은 한일 양국관계의 미래를 파괴하고 양국 국민의 기대를 저버린 만행이라 하지 않을 수 없다.

근로자 강제동원 문제의 본질은 한일합방의 합법성 여부

아베 정부는 처음에 경제보복 조치의 이유로 일제의 노동자 강제동원에 대한 우리 대법원 판결이 낳은 신뢰관계의 훼손을 내걸었다. 그런 이유라면 일본을 상대로 세계무역기구(WTO)에 제소할 시 우리에게 승산이 높다. 그

렇다 보니 일본 정부는 다시 한국에 수출한 일본산 전략
물자가 북한으로 들어가는 등 무역관리가 제대로 안 되
고 있기 때문이라는 근거 없는 얘기를 꺼내 들었다.

하지만 오히려 일본이 대북제재 품목을 북한으로 여러
차례 반출했으며 이란 등 친북국가들에게 대량살상무기
물자를 밀수출한 게 밝혀져 일본 측 주장이 허구임이 드
러났다. 이처럼 일본은 자신들의 경제보복 조치가 WTO
규정에 위반되고 사실과도 맞지 않자 그 이유를 두고 이
리저리 말을 바꾸고 있다.

그렇다면 최근 한일 갈등의 직접 원인이 된 일제의 근
로자 강제동원 문제란 무엇인가? 2003년 일본 최고재판
소는 한국인 근로자 강제동원의 피해배상에 대해 한일
양국이 맺은 청구권협정에 의해 개인에게 배상할 책임이
없다고 판결했다. 그러자 피해자들은 한국에서 다시 재판
을 청구해, 2012년 5월 24일 대법원의 파기환송에 따라
2013년 서울고등법원이 피해자 1인당 1억 원씩 지급하라
고 판결했다. 이에 일본기업이 불복하면서 대법원으로 올
라가 5년 2개월만인 2018년 10월 30일에 대법원이 확정
판결했다.

여기서 쟁점은 '일본 재판의 효력을 인정할 것인가?'와
현 일본기업이 일제의 전범기업을 계승했는가?', 청구권
시효는 유효한가?'이다. 2012년 5월 24일 대법원은 일제
강점기의 강제동원을 합법으로 보고 있는 일본재판부의
판결이 대한민국 헌법의 취지에 어긋나며, 현 일본기업

(일본제철, 미쓰비시 등)은 일제의 전범기업을 승계한다고 볼 수 있다고 명시했다. 또한 한일합방 및 한일기본조약이 공개되지 않아 불가피하게 피해자들이 청구권을 행사하지 못한 것이라 청구권 시효인 10년 기한도 해당되지 않는다고 판결하였다.

이 문제의 본질은 한일합방의 합법성을 둘러싼 이견이다. 일본 최고재판소는 한일합방이 합법이기에 배상이 필요 없다는 입장인 반면, 우리 대법원은 한일합방이 불법이므로 한국인 근로자 강제동원도 불법이고 따라서 일본 전범기업들이 직접 피해를 배상해야 한다는 입장이다.

이에 대해 일본 정부는 1965년 '한일기본조약'을 체결하면서 대일 청구권 자금을 지급했기 때문에 일본 전범기업들이 배상할 필요가 없다고 주장하고 있다. 하지만 한일 정부 모두 '개인청구권은 소멸하지 않았다'는 데 대해서는 인정하고 있다. 다만, 일본은 한국 정부에 청구권 자금을 주어 이미 해결했으므로 한국 정부가 나서서 노동자 강제동원에 대해 배상하라는 것이고, 한국은 전범기업과 피해자 간의 문제로 개입할 수 없다는 것이다.

그런 와중에 김기춘 대통령 비서실장과 양승태 대법원장이 2012년 대법원 판결을 뒤집기 위해 한국인노동자 강제동원 소송을 지연시키고 사건을 대법원 전원합의체로 넘긴 것이 드러났다. 이것은 박근혜 정부가 박정희 정부 때 체결된 한일기본조약의 정당성에 대한 논란을 막고 위안부 문제 합의를 성사시키기 위해 벌인 불법적

담합행위였다. 2018년에 이르러 결국 대법원은 일본 전범기업들이 피해자에게 배상하라고 최종 판결한 것이다.

일본이 경제보복 조치에 나선 연유

일본 정부는 문재인 정부가 박근혜 정부와 달리 대법원 판결에 개입하지 않은 데 대해 강하게 불만을 갖고 있다. 이제라도 우리 정부가 개입해서 일본제철, 미쓰비시 등 한국 내 일본 전범기업의 자산압류를 막아달라고 압박하고 있다. 하지만 만약 일본의 경제보복 조치에 굴복해 우리 대법원 판결을 무시한다면, 우리 정부 스스로 사법권을 훼손하는 것일 뿐 아니라 한일합방이 합법이라는 전제를 깔고 있는 일본 최고재판소의 판결을 인정하는 셈이 된다.

문재인 정부는 미래 지향적인 한일관계를 위해 위안부나 노동자 강제동원 문제와 같은 과거사 문제와 외교안보·경제 현안을 분리해서 대응한다는 투트랙 전략을 취해 오고 있다. 하지만 일본은 이러한 접근법을 거부하고 과거사에 대한 우리 측의 처리방식을 구실 삼아 경제보복 조치를 감행해 온 것이다. 어떻게든 진지한 반성 없이 과거사 문제를 덮어버리려는 몰염치한 태도다.

아베 정권의 우리 정부에 대한 불만은 이해할 측면이 없지는 않다. 한반도의 군사적 긴장을 명분으로 추진해온 일본의 재무장이 한반도 평화 분위기 조성으로 도전을 받고 있을 뿐 아니라 '일본 패싱'까지 이루어지고 있다. 방사능오염 우려가 있는 일본 몇 개 지방의 수산물 금수 조치에 대해 WTO에 한국 정부를 제소했다가 패배했고, 일본에서 열린 G20 정상회의 성과도 남·북·미 판문점 회동으로 외교적 성과가 묻혀버렸다.

일본의 보복조치는 2012년 5월 대법원의 파기환송 때부터 시작됐다. 일본 외무성은 홈페이지에 한국을 '기본가치를 공유하는 이웃나라'에서 '가장 중요한 이웃나라'로 표현을 바꾸었다. 2015년 2월에는 만기가 도래하자 통화스와프를 종료시켰다. 작년 10월 대법원의 판결이 나오자 본격적으로 한국에 대한 보복조치를 준비했다. 작년 11월 이미 반도체 세척용 불산의 한국 수출을 제한했고, 올해 1월 23일 발생한 우리 해군 대조영함에 대한 일본자위대 해상초계기의 저공 위협비행도 이런 맥락에서 볼 수 있다.

그래서 7월 21일의 참의원 선거에서 보수표 결집도 할겸 G20 정상회의가 끝난 직후로 경제보복 조치의 타이밍을 정한 것이다. 일본 정부는 참의원 선거 이후 상황을 보아가며 중의원도 해산해 새로 선거를 치룬 뒤, 내년 도쿄 하계올림픽 열기가 고조됐을 때 국민투표에 부쳐 개헌안을 통과시키려는 구상을 하는 것으로 보인다.

한일 갈등에 어떻게 대응할 것인가

일본의 경제보복 조치는 총칼만 들지 않았지 우리나라를 굴복시키려는 사실상의 침략으로 볼 수 있다. 지금 일본이 원하는 것은 1965년 한일기본조약의 불평등 체제를 유지하는 것이지만, 3.1운동 100주년을 맞는 우리에게 더이상 불평등 관계는 용납될 수 없다. 우리 정부는, 아니 우리 국민은 지리적으로 가까운 일본과 서로 교류하고 협력하며 상생의 관계를 맺으며 잘 지내고 싶지만, 단기적인 경제이익을 위해 국가와 민족의 자존심을 팽개칠 수는 없다.

일본의 경제도발에 대해 우리 정부는 중장기 대책과 함께 단기 대책도 마련해야 한다. 일본의 도발이 이미 2012년 대법원 파기환송 때부터 시작됐음에도 정부에서 사전대책 마련에 미흡했다는 점은 유감이다. 하지만 이제라도 정부, 기업, 국민이 합심하여 지혜를 모으고 대책을 마련하여 대응해 나가야 할 것이다.

먼저, 중장기적으로는 일본에서 수입하는 첨단소재의 국산화를 추진하고 아울러 수입선을 다변화하여 탈일본화할 필요가 있다. 이를 위해 정부는 관련된 규제를 완화하고 연구개발 인프라를 조성해 기업들이 국산화할 수 있도록 장려해야 할 것이다. 이를 통해 막대한 대일적자를 보고 있으면서도 오히려 일본이 큰소리치는 역설적

무역구조를 근본적으로 개선해야 한다.

다음, 일본의 보복조치에 대한 직접적인 대응조치가 필요하다. 세계무역기구(WTO)에 제소해서 일본 정부가 취한 경제보복 조치의 부당성을 널리 알려야 한다. 지난번 일본 후쿠시마현 인근 바다에서 잡힌 수산물 수입금지 조치에 대해 WTO가 우리의 손을 들어준 바 있다. G20 정상회담에서 자유무역을 강조한 아베가 비경제적인 이유로 자유무역체제의 근간을 흔들고 있다는 점을 부각시켜 우리 정부가 취할 대응조치의 정당성을 알릴 필요가 있다.

일본제품의 불매운동도 의미가 있다. 불매운동이 오래가지 못할 것이라던 유니클로가 닷새 만에 사과했다. 일본산 수입맥주의 판매량도 급감했다. 이처럼 일본상품 불매운동이 일본경제에 큰 타격을 주지는 못하더라도 개별기업에게는 효과적일 뿐만 아니라, 일본의 부당한 처사에 대한 우리 국민의 경각심을 일깨워주고 정부의 대일 정책에 힘을 실어 줄 수 있다.

아베 내각에게 가장 효과적인 압박수단은 우리 국민이 일본여행을 자제하는 것이다. 일본관광청의 '2019년 일본 관광백서'에 따르면, 작년 일본을 방문한 외국인 중에 한국인이 두 번째로 많은 753만 명이고 55억 달러를 사용하였으며 지방여행객이 늘고 있다. 따라서 한국인들이 일본여행을 자제한다면 아베의 정치적 기반인 중소도시와 농촌 유권자들을 흔들어놓을 수 있다.

내년 8월 도쿄 하계올림픽이 열리고, 일본 정부는 관광객 4,000만 명을 유치한다는 계획을 내놓고 있다. 외국인 관광객의 25%를 차지하는 한국 관광객이 일본에 가지 않는다면 경제적으로뿐만 아니라 올림픽 분위기에도 타격을 줄 수 있을 것이다.

직접적인 대응 외에도 국제여론을 우리나라에 유리하게 움직여야 한다. 미국의 중재에 매달릴 필요는 없지만, 일본의 영향력을 차단하고 국제여론을 움직이기 위해서라도 미국의 국익에 입각해 우리의 입장을 이해시켜야 한다. 특히 일본 정부가 한국을 '화이트리스트'에서 제외한다면 이는 일본이 한국을 더 이상 안보협력 파트너로 인정할 수 없다고 선언하는 것이고, 그럴 경우 더 이상 한일정보보호협정(GSOMIA)을 유지할 필요성도 없게 될 것이라는 점을 인식시켜 주는 것도 가능하다.

그럼에도 한일간의 대화는 계속되어야 한다. 이를 통해 일본이 우리 정부의 투트랙 외교를 수용하도록 설득해야 한다. 이번에 일본이 취한 조치가 과거사 해결과정에서 나온 것인 만큼, 일본 정부가 경제보복 조치를 스스로 철회해 외교안보를 경제와 분리하도록 해야 할 것이다. 이를 논의하기 위해 특사의 상호 교환도 고려할 필요가 있다. 다만, 일방적으로 우리 측이 특사단 파견을 제안했다가 일본 측이 거부하거나, 우리 측만 가고 일본 측이 오지 않을 경우 국내 여론이 악화되어 외교적 해결이 더 어려워질 수 있다는 점에서, 물밑접촉을 통한 사전 공감대 형성이 필요하다.

끝으로, 우리 정부는 외교적으로 해결할 수 있는 타협안의 마련에도 노력해야 한다. 한일 양측의 입장이 평행선을 긋고 있어 타협이 쉽지 않은 것이 사실이다. 우리 정부가 한국 내 일본 전범기업에 대한 압류자산의 현금화 대신에 해당 일본기업과 전후 일본 식민지배상금으로 혜택을 본 한국기업이 1:1로 자금을 갹출해 피해자들에게 배상해 주자는 합리적 대안을 내놨지만, 일본정부는 일언지하에 거절한 바 있다.

조심스럽지만 대법원의 판결 취지에 부합하면서도 일본과 타협할 수 있는 대안을 찾아볼 필요가 있다. 어떤 경우든 한국 정부가 배상에 참여하면 대법원 판결을 부정하는 결과로 해석될 수 있다. 따라서 이미 판결이 난 37명에 대해서는 한일 기업들이 1:1로 배상해 주되, 아직 재판이 진행 중인 피해자들에게는 소송취하를 조건으로 한국 측 수혜기업이 대신 배상해 주는 수정안도 검토해 볼 수 있을 것이다. 이 방법이 최선책은 아니지만, 현재와 같은 한일갈등을 외교적으로 수습할 수 있는 단초가 될 수 있다.

한국과 일본은 동아시아에 형성되는 새로운 질서를 내다보며 공존공영의 길로 나아가야 하며, 더 이상 과거사 문제라는 갈등의 구조 속에 갇혀서는 안 된다. 이번 갈등의 표출이 양국의 미래를 위한 새로운 협력모델을 찾는 반면교사의 계기가 되기를 바란다.

일본의 경제도발을
1965년 체제 극복의 계기로 삼자

일본의 무역전쟁 도발 배경

일본이 결국 '선을 넘었다'. 반도체 소재 3개 핵심 부품에 대한 수출규제 조치를 발표한 뒤 한 달 만인 지난 8월 2일, 각의를 열어 한국을 화이트국가 리스트(수출절차 우대국 명단)에서 제외하기로 결정했다. 일본 정부가 1,194개 품목의 전략물자 수출에 대해 그동안 포괄적으로 허가해 왔던 것을 개별적으로 심사해 허가한다는 것이다. 이는 한국 경제에 결정적 의미를 지니는 산업 분야를 겨눠 일본 정부가 생사여탈권을 갖겠다고 선언한 것으로 '무역전쟁'을 도발한 것이나 다름없다.

　이번 조치에 대한 일본의 공식 설명은 안보상의 신뢰

를 이유로 무역관리체제를 재검토하겠다는 것이다. 그러나 수출규제로 인해 자국 수출기업이 입을 직접적인 피해와 글로벌 밸류체인을 교란함으로써 예상되는 간접적인 피해까지도 감수한 일본의 조치가 단지 '무역관리체제의 검토' 때문이라는 것을 믿는 사람은 없다. 그래서 일본의 의도에 대한 분석이 분분하다.

크게 두 가지 배경과 두 가지 원인이 얽혀 있다고 볼 수 있다. 첫째 국민 정서라는 배경이다. 일본에서 지난 10여 년 동안 군불처럼 달아오르던 혐한 논리가 조선멸시로 번지고 있는 현실이 그것이다. BTS와 트와이스 등에 대한 열광적인 지지로 표현되는 제3차 한류 열풍으로 대중 수준에서는 잦아들고 있지만, 아베 총리와 그 주변 사람들에게 내재화한 조선멸시 정서가 한국 특수론의 형태를 빌어 여과 없이 드러나고 있다.

조선멸시의 핵심이 '약속을 지키지 않는다'는 것이다. 메이지유신으로 서구적 근대화에 먼저 성공한 일본이 서구 제국주의 국가들의 약속 체계인 만국공법의 선생이 되어 주변 아시아 국가들을 지도해야 한다는 믿음을 정당화하는 논리였다. 조선이 먼저 교화의 대상이 되었다. 1876년의 조일수호조규, 이른바 강화도조약은 실천의 장이었다. 이후 우리의 정당한 주권 행사를 약속 파기로 문제 삼아 야금야금 침탈해 들어온 것이 한반도-일본 관계의 근현대사다.

둘째는 구조적 배경으로, 국력의 수렴이라는 현실이다.

1965년 한일 국교정상화 당시 양국의 1인당 GDP 차이는 9배에 달했다. 청구권협정으로 일본이 제공한 무상 3억 달러는 당시 한국 정부예산 31억 달러의 10%에 해당하는 액수였다. 일본은 1964년 이미 OECD 가입을 마친 상태였고, 1968년에는 독일을 제치고 GDP규모 세계 2위 국가로 올라 선 반면, 한국은 1960년대 내내 1인당 GNP에서 세계 60위권을 맴돌았다. 한국이 OECD에 가입한 것은 일본에 32년 뒤진 1996년의 일이었다. 이때까지만 해도 일본 제품은 선망의 대상이었고, 한국이 일본을 따라 잡으려면 30년 걸린다는 이야기가 나오던 시절이었다.

그러던 한국이 2000년대에 들어 철강, 조선, 반도체 등 일본이 오랜 기간 독점적 우위를 점하던 분야에서 일본을 제치고 선두 주자로 나서기 시작했다. 일본이 강세를 보이던 소재 부품산업에서도 점차 격차가 좁혀지고 있다. 반면 일본은 초고령화 사회로의 진입과 이에 따른 사회보장비의 급증으로 재정 적자와 제로 성장이 만성화되었다. 현재는 한국도 같은 고민을 안고 있긴 하지만, 이조차도 한일의 수평적인 관계를 확인하는 저울이 되고 있다. 이번 조치의 배경에 경제산업성의 입김이 강하게 작용한 것으로 알려지고 있다. 만일 그렇다면 이번 조치는 액면 그대로 무역전쟁 도발이라고 할 수 있다.

한반도 평화프로세스와 대법원 판결에 대한 저항

위의 두 가지가 최근 10여 년의 긴 변화를 배경으로 한 것이라면 다음 두 가지는 지난 2018년의 한 해에 한반도에서 일어난 급변사태를 이유로 한 것들이다. 먼저 지난 한 해는 한반도 평화프로세스의 개시로 정전체제 종식의 역사가 시작된 해였다. 이에 일본은 시종 무대의 언저리에서 맴돌며 평화프로세스를 방해했다. 평창올림픽의 개막을 축하하러 온 아베 총리는 한미 연합훈련 재개를 요구하며, 세계의 평화 축전을 배경으로 막 시작된 한반도 평화 분위기에 찬물을 끼얹었다. 한반도 질서의 전통적 이해당사자 의식이 부활하는 장면이었다.

일본은 싱가포르에서 북미 정상회담이 개최되자 미국 워싱턴의 주류인 미·일동맹주의자들을 동원해서 북일 정상회담을 기획하고 나섰다. 납치 일본인 문제가 가시가 되어 북일 정상회담의 진행이 어렵게 되자 한반도 평화프로세스에 지분을 주장하며 내놓은 압박카드가 수출규제조치이다. 일본이 한국을 화이트국가 리스트에서 제외하겠다며 내놓은 근거로 북한으로 전략물자가 흘러들어 갔을 가능성을 예시했으며, 안전보장에 지장을 줄 수 있는 전략물자 수출의 규제를 강화한다는 논리였다.

마지막으로, 지난해 10월 30일의 대법원 판결이야말로 일본의 도발 행동에 가장 직접적인 원인이다. 이후 일본 정부는 이 판결이 청구권협정 2조 위반이라며 여러 경로로 한국 정부의 대응을 요구했고, 청구권협정 3조에 따른 외교 협의와 중재를 요청했다. 이에 대해 한국 정부는 사법부의 판단에 개입하는 것이라고 거부했고, 피해자들은 일본의 가해 기업을 상대로 재산 압류와 현금화 절차를 진행했다.

일본이 한국을 화이트국가 리스트에서 제외해 포괄허가에서 개별적 허가로 바꾸는 데 걸리는 시간이 대략 90일이다. 압류 재산의 현금화에 걸리는 시간이 또한 그 정도로 예상된다. 이를 종합적으로 고려하면, 일본의 조치가 이 시점을 노린 것이라는 점은 너무나 명백하다. 오히려 이를 노골적으로 드러내고 있다고도 할 수 있다. 다만, 일본은 이번 수출제한 조치가 안 그래도 WTO 위반의 경계를 넘나들고 있는 상황에서 일본은 이에 정치적 이유를 달 수 없는 입장이다. 그 경우엔 명백한 WTO 위반이 되기 때문에 일본은 그 연관성을 애써 부정하고 있을 뿐, 일본의 속내는 우리 대법원 판결의 무력화에 있다.

경제 도발의 본질과 복합대응 전략

그렇다면 일본은 왜 이렇게 대법원 판결에 강력히 저항하고 있는 것일까? 피해자 몇 사람의 배상액이 문제라면 이렇게까지 도발하는 이유가 될 수 없다. 문제는 식민지 지배의 불법성을 최종적으로 확인하지 못한 한일 기본조약과 배상 원칙을 비켜서 체결된 청구권협정에 기초한 '1965년 체제'에 있다. '강제동원 피해자에 대한 배상'이라는 판결이, 역사적 층위와 지정학의 전선을 모두 건드리면서 한일관계의 시공간을 총체적으로 변경하게 되는 임계점에 한국과 일본이 도달해 있다는 점을 확인시켜주었다. 바야흐로 '1965년 체제' 종식의 역사가 개시된 것이다. 일본은 이 같은 한일관계의 변화 양상으로 인한 동아시아에서의 위상과 역할을 가늠질하며 이에 극력 저항하고 있는 것이다.

그렇다면 우리는 어떻게 할 것인가? 일본의 도발이 위에 제시한 두 개의 배경과 두 개의 원인에서 나온 것이기에 이를 물리칠 해법도 수준별 대응을 복합적으로 운영하는 데에서 가능할 것이다.

우선, 단기적으로 무역전쟁 도발에 대한 적극적인 대처에 나서야 한다. 우리 정부가 긴급 국무회의를 열어, 강력한 응전을 선포한 것은 당연한 대응이다. 동시에 홍남기 경제부총리가 우리 기업과 국민의 피해를 최소화하기 위해 159개 품목을 관리품목으로 지정해 맞춤형 대응에 나서겠다는 방침을 설명한 것도 필요한 일이다.

화이트국가 리스트에서 한국을 제외한 일본 입장에서 추가적인 도발을 감행하는 것은 명백한 WTO 위반이 될 가능성이 있어서 쉽지 않아 보인다. 그러나 저강도의 위기가 장기화할 것에 대비해서 정부와 기업이 그물망 같은 소통과 협조로 움직이며 미리미리 준비하는 자세가 필요하다. 특히 소재 부품 산업 분야에서 중견 중소기업을 육성하여 대기업 위주의 산업생태계에서 대기업-중소기업 상생의 생태계로 개편하는 기회로 삼아야 할 것이다.

이에 더해 한반도 평화프로세스를 더욱 강력히 추진해 나가야 한다. 그런 의미에서 한일 군사정보보호협정(GSOMIA)을 카드로 쓰는 것은 그 유용성과 도덕성 여부와는 별도로 의도하지 않은 결과를 낳을 수 있어 신중할 필요가 있다. 물론 일본이 한국을 안보상의 우방이 아니라고 한 이상, 우방간의 신뢰를 전제로 한 군사정보보호협정의 필요성을 재검토해야 한다. 지금 당장 군사정보보호협정의 연장 여부를 결정하기보다는 연장시한인 8월 24일까지 일본의 조치를 좀 더 지켜봐야 한다. 우리 쪽에서 서둘러 협정 파기론을 꺼냈다가 미국의 압력으로 입장을 선회한다면 오히려 우리 정부의 운신 폭만 좁힐 수 있다. 설사 이번에 협정이 자동 연장되더라도 실질적인 군사정보 교류를 중단하면 되므로 서두를 필요는 전혀 없다.

한편 '재팬 보이콧'의 움직임을 조직화하고 있는 시민사회도 우리 정부의 강력한 대응에 호응하고 나섰다. 구 일본대사관 앞 소녀상 부근에서 시민사회단체 600여 곳의 연합행사로 열린 '아베 규탄 시민행동' 3차 촛불 문화제에는 열대야임에도 불구하고 주최 측 추산으로 15,000명이 모여 일본의 경제도발에 대한 결의를 다졌다. 주목할 것은 일본의 사과를 전제로 한 새로운 한일관계 수립을 요구하는 목소리였다. 올해가 3.1 운동과 대한민국임시정부 수립 100주년임을 다시금 상기하게 하는 주장이다. 이번 사태의 본질을 우리 국민이 꿰뚫고 있음을 알 수 있다.

1965년 체제 종식의 역사적 전환에 서서

앞으로 우리 정부가 적극 대응해야 할 일은, '국제법 위반을 둘러싼 법리 싸움이다. 우리 정부는 일본에서 번지고 있는 조선멸시의 배경에 '국제법 위반이라는 딱지 붙이기가 있다는 점을 간과해서는 안된다. 그동안 이에 대해 적극 대응해 오지 않은 정부에도 문제가 없지 않다. 그동안 한반도 평화프로세스에 집중해 있던 상황에서 투입 가능한 외교력의 한계가 있을 수 있고, 일본과 대립각을 세우는 게 부담스러웠을 수 있다. 그러나 이제는 이에 대해 적극 반격해야 할 시점이다.

대법원 판결은 일본의 식민지 지배를 불법으로 보는 우리 헌법에 합치할 뿐만 아니라, 1905년부터 1910년까지의 대한제국과 일본의 모든 협약 및 조약을 원천 무효로 해석하고 있는 1965년 기본조약에 대한 우리 정부의 입장에도 합치하는 것이다. 나아가 그동안 이 조약에 대해 '합의할 수 없음에 합의'한 것이라는 기존의 입장과 이를 용인한 관습법에 따라서도 국제법 위반일 수 없다. 오히려 가해 전범기업에 대한 외교보호권을 행사하고 있는 일본이야말로 청구권협정 2조 위반임을 지적하고, 협정 3조에 입각해서 일본이 요구해 온 협의와는 별도의 새로운 협의를 요구해야 할 것이다.

일본의 무역전쟁 도발은 '1965년 체제' 종식의 새로운 역사가 개시되었음을 알리는 신호탄이 될 것이다. 이제 1965년 한·일기본조약을 체결하면서, 일본이 인정하기를 거부했던 식민지 지배의 불법성을 인정하게 하고, 청구권 문제와는 별도로 배상 책임의 소재 여부를 분명히 확정하는 외교전이 개막되었다. 일본의 이번 도발로 새삼 깨닫게 된 사실이 있다. 1876년 강화도조약을 체결한 이래, 한일 불평등조약 체제가 아직도 진행 중이라는 사실이다.

우리는 불평등조약인 강화도조약을 개정하지 못한 채 일본의 식민지로 전락했고, 그로부터 해방되어 1965년 새로 국교를 맺는 과정에서도 애초의 불평등성을 확실히 불식하지 못했다. 이제야말로 이를 시정하는 외교 대장정에 나설 때다. 대한민국 정부 수립 100년의 해에 한일 1965년 체제의 종식을 위한 여정에 나서는 것은 결코 역사의 우연이 아니다.

격랑의 한반도, 우리가 주도하는 외교·안보의 길을 가자

열강의 對한반도 공세

미·일·중·러가 한국에 대해 거의 동시에 공세를 이어가는 기이한 국면이 조성되고 있다. 그 출발점은 중국이다.

사드 미사일 방어체계의 한반도 배치에 대해 중국은 관광과 투자, 인적 교류 등 전 방위 차원에서 한국에 대해 보복조치를 취한 바 있다. 그 탓으로 한국을 방문하는 중국 관광객은 급감했으며, 롯데마트의 철수 등 중국에 진출한 한국 기업들은 직간접적인 타격을 피할 수 없었다. 중국의 보복조치로 인한 피해의 여진은 아직도 지속되고 있다.

중국의 한국에 대한 공세는 여기서 그치지 않았다. 중국 군용기는 수시로 한국 방공식별구역(KADIZ)을 침범하고 있으며, 금년 2월 23일에는 처음으로 독도와 울릉도 사이를 무단 진입했다. 7월 23일 중국은 러시아와 한반도 동해에서 사상 첫 공군 합동훈련을 실시했으며, 당시 러시아 정찰기는 2차례 독도 영공을 침범해 한국 전투기가 경고사격을 가하는 일까지 발생했다. 한국전쟁 정전협정 체결 이후 타국의 군용기가 한국의 영공을 무단 침입한 것은 최초의 일이지만, 러시아는 사과는 물론 납득할 만한 해명도 내놓지 않았다.

일본은 한국 대법원의 강제징용 배상 판결을 문제 삼아 수출규제 조치를 취한데 이어 8월 28일부터 한국을 수출관리 우대 대상국가인 화이트리스트에서 제외하는 조치의 실행에 들어갔다. 수출규제와 화이트리스트 적용 제외 조치 모두 안보적 신뢰와 깊은 관계가 있다는 점에서 경제적 차원이라는 일본의 해명은 근거를 찾기 어렵다.

8월 22일 한국 정부는 한일 군사정보보호협정(GSOMIA)을 더 이상 연장하지 않기로 결정했다. 군사정보보호협정은 국가 간에 안보적 신뢰관계를 기초로 군사기밀을 공유하는 협정으로, 일본이 한국에 대한 불신을 공개화한 상황에서 우리로서는 불가피한 조치로 볼 수 있다. 그러나 한국의 한일 군사정보보호협정 종료 결정과 동시에 미국 외교 안보라인 핵심인사들의 입에서 실망과 유감

표명이 끊이지 않았다. 한국 정부가 자제를 요청했음에도 불구하고 이 같은 미국의 행태는 계속됐으며, 심지어 "문재인 정부가 동북아 안보상황을 오해하고 있다"는 외교상 이례적인 표현까지 사용했다. 일본 정부 역시 미국의 입장에 적극 동조하는 모습을 보였다.

북한도 대남 공세로 돌아서는가

2017년 11월 29일 화성 15형의 시험 발사를 마지막으로 현재까지 북한은 핵실험과 장거리 탄도미사일의 발사를 중단했다. 그러나 금년 5월 4일 북한은 북한판 이스칸데르급으로 추정되는 단거리 탄도미사일을 시작으로 8월 24일까지 모두 9차례 단거리 발사체 및 탄도미사일을 집중적으로 발사했다. 뿐만 아니라 7월 23일에는 이례적으로 탄도미사일 발사가 가능한 것으로 추정되는 신형 잠수함의 건조모습까지 공개했다.

북한의 무력시위와 더불어 주목할 부분은 한국에 대한 비난이다. 7월 25일 단거리 탄도미사일 발사 직후 김정은 위원장은 "남조선 당국자들이 세상 사람들 앞에서는 '평화의 악수'를 연출하며 공동선언이나 합의서 같은 문건을 만지작거리고, 뒤돌아 앉아서는 최신공격형 무기 반입과 합동군사연습 강행과 같은 이상한 짓을 하는 이중적 행태를 보이고 있다"며 문재인 대통령과 한국 정부에 대한 반감을 노골적으로 드러냈다. 대부분의 무력시위가 새벽 또는 이른 아침에 이루어졌다는 점에서, 판문점 남북정상회담 당시 김 위원장이 문 대통령에게 "새벽잠을 설치지 않게 해드리겠다"는 언급을 뒤집은 점도 눈에 띈다.

북한이 자신들의 무력시위를 정당화하기 위해 내세운 F35A 스텔스 전투기 등 최신 무기 도입이나 한미 군사연습은 모두 미국과 관계가 있다. F35A 도입은 이미 오래 전부터 계획된 사안이며, 한미 군사연습은 공세적 성격을 최대한 배제하고 축소된 형태로 진행었다는 점에서 북한의 비판은 전혀 납득되지 않는다.

자신들이 원하는 남북관계의 진전이 이루어지지 않고 있다는 점이 북한 대남비난의 중요한 이유다. 북한 대남비난의 행간은 남북관계의 전면 부정이 아니라 한국 정부가 대북제재와 외세를 의식해서 남북관계에 적극적이지 않다는 점을 지적하고 있다. 그러나 보다 중요한 이유는 장기교착 국면에 놓인 북미협상에 있다. 한국 정부 비난에 집중하던 북한은 8월 21일자 노동신문에 게재된 "우리의 자위적 국방력 강화조치는 정당하다"는 제목의 개인 필명 사설을 필두로 미국에 대해 직접적인 비난을 시작했다. 이 시기는 비건 대북정책 특별 대표가 방한해 북한과 대화 준비가 되어 있다는 의사를 공개적으로 밝힌 상황이었다. 8월 23일에는 리용호 외상이, 같은 달 31일에는 최선희 외무성 부상이 이례적으로 폼페이오 장관에게 독설을 퍼부었다. 특히 최선희 부상은 "북미대화에 대한 기대가 점점 사라져가고 있으며, 지금까지의 모든 조치들을 재검토하지 않으면 안 되는 상황으로 떠밀고 있다"며 위협했다.

반면 북한은 트럼프 대통령에 대한 직접적인 비난은 자제하고 있는데, 이는 북미 비핵화 협상국면을 위태롭게 할 수 있다는 우려 때문인 것으로 보인다. 북한이 발사한 발사체 또는 탄도미사일의 사거리가 모두 단거리로 트럼프 대통령이 정한 레드라인을 넘지 않는 범위 내에서 이루어지고 있다는 점도 주목할 필요가 있다. 북한은 기본적으로 대화를 통해 문제를 해결하겠다는 입장을 유지하고 있다.

대남 비난 역시 같은 맥락으로 볼 수 있다. 북미 비핵화 협상 교착국면에 대한 불만을 '약한 고리'인 한국을 향해 표출하고 있는 것이다. 또한 북미 관계가 진전이 없는 상황에서 자신들이 원하는 남북관계 형성이 어렵다는 판단을 토대로 선미후남(先美後南)의 입장을 정리한 것으로 보인다. 남북관계 개선을 통해 북미 비핵화 협상을 견인하려는 한국 정부에 제약이 발생한 셈이다.

우리식 외교·안보의 길

주변 열강의 공세와 북한의 대남 비난 국면은 역설적으로 한국 정부가 주도하는 한반도 평화프로세스의 중요성을 일깨워 주고 있다. 중·러의 공세는 미국의 인도·태평양 전략에 대응한 국제전략의 일환으로 볼 수 있다. 일본의 수출규제와 화이트리스트 제외 조치는 역내 안보협력의 중요성을 강조하는 자신들의 입장과 모순된다. 중국과 러시아, 그리고 일본의 최근 대한 공세는 모두 북미 비핵화 협상과 한반도 안보정세에 도움이 되지 않는 행위다. 말하자면 그들은 결과적으로 그들이 원하지 않는 결과를 가져오는 잘못된 전략선택을 하고 있다.

한일 군사정보보호협정 종료결정에 대한 미국의 반응 역시 대동소이하다. 미국의 인도·태평양 전략 중 한·미·일 안보협력은 그 출발점에 해당한다는 점에서 미국의 불편한 입장을 이해하지 못할 바는 아니다. 문제는 사태가 이 상황까지 오게 방치한 미국 정부의 무책임이다. 미국은 일본의 반도체 관련 수출규제 조치와 화이트리스트 제외를 막을 수 있는 두 번의 기회를 모두 방관하고 결과적으로 불가피한 조치를 선택하게 된 한국 정부를 노골적으로 비판했다.

모든 동맹은 상호간 안보 이해관계에 따르는 것이며, 상대방의 입장을 존중하고 신뢰하는 것에서부터 출발한다. 한국은 더 이상 미국의 동아시아 안보정책에 자동적·수동적으로 편입되는 존재가 아니며, 자국의 이해관계 관철을 위해서는 한국의 입장을 존중해야 한다. 한국이 주한미군 주둔의 방위비 분담을 넘어 전액을 부담할 경우 주한미군은 동맹을 위한 지원군이 아닌 용병으로 전락할 위험성을 갖게 된다. 미국의 관료들이 한일 군사정보보호협정 종료 결정을 두고 한국 최고지도자를 거론하며 '실망'과 '안보적 오해'라는 표현을 거침없이 사용하는 것은 동맹을 '실망'시키는 외교적 결례다.

한미 동맹은 오랫동안 양국의 건설적인 관계에 기여해왔으며, 불확실성이 상존하는 동아시아의 안보상황을 고려했을 때 향후에도 상당기간 그 필요성이 인정된다. 많은 한국인들은 한미 동맹의 중요성과 한국의 발전에 기여한 미국의 역할을 인정하고 있다. 그러나 작금의 상황이 방치될 경우 미국에 대한 한국인들의 신뢰는 약화될 수밖에 없다는 점에 우려가 있다.

한미 동맹과 한·중관계가 모두 필요한 우리의 고민이 깊어지고 있다. 미국이 우리에게 동참을 요구하고 있는 인도·태평양 전략은 중국을 포위하는 전략이다. 미국은 이미 중국에 대한 즉각적 공격이 가능한 중거리 탄도미사일의 아시아 배치의사를 공개적으로 표명했으며, 그 대상으로 한국이 포함된다는 것은 자명한 사실이다. 사드체계가 방어무기인데 비해 중거리 탄도미사일은 공격무기라는 점에서 중국의 반발은 그 정도를 예상하기 어렵다.

한일 군사정보보호협정 파기 결정에 대해 찬반을 논할 때가 아니며, 한국 외교·안보전략의 근본적인 틀을 재검토하고 중장기적인 전략을 고민할 때다. 사실 한일 군사정보보호협정은 박근혜 정부 말기 국민적 공감대를 결여한 상태에서 전격적으로 체결되었다. 한일 군사정보보호협정의 재연장 여부는 당면 한일관계 뿐만 아니라 한국 외교·안보의 중장기 전략과 한반도 평화프로세스 차원에서 신중히 고려되어야 할 사안이다. 이제 다시 새로운 출발점에 서있다는 각오가 필요하다.

한반도 평화프로세스에 대한 확고한 의지를 토대로 우리의 정책적 행보를 가속화해야 한다. 외교·안보에 있어서 한국의 목소리를 당당히 낼 때이며, 어떠한 경우에도 국익을 관철하는 입장에 양보가 있어서는 안 될 것이다. 한반도의 전략적 중요성을 레버리지로 한·미 신뢰관계를 새롭게 정립해야 하며, 우리 주도의 외교안보의 길을 걸어가야 한다. 그것이야말로 문재인 대통령이 금년 광복절 경축사에서 언급한 '흔들리지 않는 한반도'의 초석이며, 그 약속은 지켜져야 한다.

문 대통령은 곧 임기 후반을 맞이하며, 한반도 평화프로세스는 숨고르기 국면에 놓여 있다. 향후 대북통일정책은 단기적 성과주의를 지양하고, 중장기 관점에서 추진되어야 할 것이다. 북한의 선미후남(先美後南)전략에 대한 대응체제의 구축과 아울러 비핵화를 향한 북한의 선택이 틀리지 않았다는 확신을 주는 노력이 필요하다. 특히 북미간에 실질적인 초기 합의를 도출함으로써 비핵화 협상의 동력을 확고히 하는 노력이 중요하다. 북한과 신뢰를 형성하는 직간접적인 채널을 유지하고, 인도적 협력을 지속적으로 추진해야 한다.

북핵문제를 포함해 한국의 외교·안보는 중대한 기로에

서 있다. 국익우선의 흔들리지 않는 정책적 기조 하에 '무소의 뿔처럼 혼자서 가는' 한국 외교·안보의 길을 찾아야 할 때다.

북미 비핵화 협상의 재개와 우리의 역할

9월 하순으로 개최 예정된 북·미 실무협상

한반도 비핵화의 시계가 다시 돌아가고 있다. 9월 9일 밤 11시 30분 최선희 북한 외무성 제1부상이 9월 하순쯤 북미 실무회담을 갖자고 제의한 것이다. 지난 6월 30일 판문점 북미 정상회동에서 양측은 2~3주 안에 실무회담을 갖기로 했지만, 북한이 한미 군사연습을 비난하며 보이콧하는 바람에 한동안 회담이 열리지 못했다. 그러다가 8월 9일 김정은 위원장이 트럼프 대통령에게 친서를 보내 한미 군사연습이 끝난 뒤에 회담을 갖자고 제의했고, 일주일쯤 뒤 또다시 친서를 보내 '트럼프 대통령의 평양 방문'을 초청했다.

하지만 북한의 제안에 미국이 응답하지 않자 8월 20일

한미 군사연습이 종료됐음에도 북한은 북미 실무회담에 응하지 않았다. 북미 실무협상이 계속 표류하는 가운데, 북한을 강하게 압박하는 일들이 벌어졌다. 하나는 지난 9월 6일 비건 대북정책특별대표의 미시건대학 공개 연설이고, 다른 하나는 9월 7일 저녁 트럼프 대통령이 전격적으로 아프간 평화협상을 중단시킨 일이다. 두 가지 일의 발생은 북한 당국으로 하여금 실무협상장으로 나오지 않을 수 없는 강한 압박으로 작용한 것으로 보인다.

비건 대표는 미시건대학에서 연설에서 북한의 대량살상무기(WMD) 개발에 관해 언급하면서 국제규범과 유엔 안보리결의 위반이라고 지적하고, 만약 북한과의 비핵화 협상이 실패할 경우 한국, 일본과 같은 아시아 국가들이 핵무기를 개발할 수 있다고 강력히 경고했다. 그러면서도 △하노이 공동성명의 원칙과 합의를 준수할 것이며, △대북 인프라 투자와 북한의 수출시장 확대로 경제발전을 제공하며, △안보적으로 주한미군 문제에 대한 전략적 검토도 가능하며, △톱다운 방식의 대화를 지속할 뜻이 있음을 밝히는 등 유화책도 제시하였다.

트럼프 대통령은 탈레반 반군 지도자와 아프간 대통령이 캠프데이비드에서 만나 연속 개별회담하기로 한 약속을 하루 전에 취소하고 탈레반과의 협상을 중단한다고 발표했다. 미국은 작년 7월부터 탈레반 반군 측과 물밑 접촉에 나서 마침내 금년 8월 초 탈레반 반군 측과 평화협정 초안에 합의한 뒤, 9.11테러 18주년을 맞이하는 날에 맞춰 아프간 평화협정을 체결하겠다고 계획했다. 미군이 철수하게 되면 국토의 절반 이상을 차지하고 있는 탈레반에게 아프간 정부를 내줄 수밖에 없다는 미국 내 반발이 거세지자 트럼프 대통령이 전격적으로 평화협상을 중단시킨 것이다.

트럼프 대통령은 파리기후협약 탈퇴, 쿠바 국교정상화 중단, 환태평양동반자협정(TPP) 참가 거부, 이란 핵합의 파기 등 전임 오바마 행정부의 외교업적을 부정하는 대신 북한 비핵화 협상과 아프간 평화협상을 통해 자신의 외교업적을 만들고자 했다. 하지만 미국이 한국과 일본의 핵무장 가능성을 거론하고, 외교업적의 하나로 추진 중이던 아프간 평화협상을 전격적으로 중단해 버린 것이다. 이것은 트럼프 대통령이 정치적 타산이 맞지 않을 경우 북한과의 비핵화 협상도 깰 수 있다는 의미가 된다. 이 때문인지 북한은 비록 체면과 명분용으로 '새로운 셈법'을 요구하기는 했지만, 미국이 자신의 제안에 응답하지 않았는데도 먼저 북미 실무회담에 응한다고 나선 것이다.

북·미 협상의 장애물은 김정은 불신과 '트럼프 리스크'

북한의 요구에 대해 미국은 일단 화답했다. 트럼프 대통령은 최선희의 담화가 나온 다음날 존 볼턴 국가안보좌관을 경질했다. 작년에 국가안보보좌관에 임명된 볼턴은 그동안 줄곧 '리비아 해법'을 주장했다. 실제로 트럼프 대통령은 이를 볼턴 경질의 이유로 들었다. 아프간 평화 협상이 중단된 마당에 트럼프 대통령으로서도 한반도 비핵화 카드는 외교업적으로 살리고 싶었을 것이다.

초강경파인 볼턴을 경질함으로써 북미 비핵화 실무협상은 어느 때보다 성공 가능성이 높아졌다. 하지만 북미 양측의 입장 차이가 여전히 커서 협상결과를 낙관하기는 이르다. 북한은 여전히 단계적 접근을 고집하고 있기 때문이다. 실제로 북한은 외무성 미국국장 명의로 담화를 발표해 이번 실무협상에서 대안을 갖고 오지 않으면 북미 대화가 기로에 설 것이라고 미국을 압박하고 있다. 볼턴의 경질로 미국이 실무협상에서는 '유연한 접근법'으로 나올 가능성이 높지만, 3차 북미 정상회담에서도 그대로 적용될지 두고 봐야 한다. 트럼프 대통령으로서는 내년에도 대통령 선거 때문에 미국 내 여론을 의식하지 않을 수 없기 때문이다.

북미 비핵화 협상의 성패는 기본적으로 김 위원장의 비핵화 의지에 달렸지만, 그에 못지않은 것이 트럼프 리스크다. 첫 번째 트럼프 리스크는 트럼프 의 내년 대통령 선거 승리의 불확실성에 따른 것이다. 만약 트럼프 대통령이 재선에 실패한다면, 새로운 민주당 정부와 비핵화 협상을 처음부터 다시 시작해야 할지 모른다. 북한이 섣불리 트럼프 1기 행정부와 '빅딜'에 합의하기를 꺼리는 이유다. 두 번째 리스크는 설사 트럼프 대통령이 재선에 성공한다고 해도 현재와 같이 적극적인 자세를 취하지 않을 수 있다는 불안감이다. 전임 오바마 행정부 때 합의한 이란 핵합의를 파기한 경력이 있는 트럼프 대통령이 재선된 뒤 태도가 바뀌지 않는다는 보장이 없다.

작년 3월 26일 김정은 위원장은 북중 정상회담 때 단계적, 동시행동적 접근을 제시했는데, 이것은 두 가지 트럼프 리스크를 우려한 때문이다. 단계적 접근법이란 미래핵(핵실험, 장거리미사일 시험 중지 및 핵실험장·미사일 엔진시험장·발사대 폐쇄), 현재핵(영변 및 기타 핵시설)은 트럼프 제1기 행정부와 합의하고 어느 정도 이행할 수 있지만 과거핵(핵무기, 탄도미사일)은 2021년 1월에 들어설 미국 행정부와 협상을 시작하겠다는 것이다. 이러한 북한의 단계적 접근법은 일부 전문가들이 북한이 절대로 핵을 포기하지 않을 것이라는 주장의 근거로 활용되는 대목이다.

북한이 요구하는 '새로운 셈법'

지금 북한은 미국에게 '새로운 셈법'을 요구하고 있다. 3월 1일 리용호 외무상은 '보다 더 중요한 문제는 안전을 담보하는 문제'이지만, 현재 신뢰수준에서 불가피한 첫 단계 공정으로 '부분적 제재해제'를 하노이 회담에서 언급했다고 밝혔다. 4월 12일 시정연설에서 김정은 위원장도 '반드시 거쳐야 할 필수적인 단계와 경로'를 말하면서도 "제재해제에 더는 집착하지 않을 것"이라며 '적대시정책의 철회'를 요구했다. 9월 9일 최선희 외무성 제1부상의 담화는 김정은의 시정연설 내용을 재확인했고, 9월 16일 외무성 미국국장 담화는 '제도발전 위협과 발전 장애물'의 제거를 주장했다.

북한의 셈법을 요약하면, 단계적 접근과 안전보장이 기본이고 여기에 제재완화를 추가하면 좋겠다는 것이다. 북한이 요구하는 상응조치도 제재완화보다 경성안보(한미 군사연습 및 전략무기반입 중지)와 연성안보(종전선언·평화협정, 불가침조약, 연락사무소·대사관 개설)에 중점을 두고 있다. 북한의 체제와 제도를 인정·존중하고 생존과 안전을 보장하며, 경제발전을 이루기 위한 지원과 환경 조성을 해달라는 요구인 셈이다.

하지만 북한은 자신들은 정작 기존 셈법을 고수하면서 미국에게만 '새로운 셈법'을 가져오라고 요구하고 있다. 그렇기 때문에 북미 실무회담이 열리더라도 쉽게 합의에 이르기는 어려울 것으로 보인다. 원만한 타결을 위해서는 북한도 기존의 태도를 고집하지 말고 새로운 셈법을 내놓아야 한다. 북한의 비핵화 단계론과 트럼프 리스크를 극복하고 북미 실무회담이 성공을 거둬 3차 북미 정상회담으로 이어지게 하기 위해서는 무엇보다 하노이 회담에서 제기된 쟁점들을 해결해야 한다.

2월 말 하노이 회담에서 미타결된 쟁점은 크게 '비핵화의 공동정의'와 '추가조치'에 관한 것이다. 비핵화의 대상과 범위에 대해, 북한은 모든 핵무기와 현존하는 핵프로그램, 중장거리 및 대륙간 탄도미사일의 포기를 주장한다. 반면 대북 강경론자들은 여기에 더해 생화학무기, 단거리·중거리 탄도미사일도 포함시키라고 요구한다. 핵시설 이외의 추가조치에 대해, 북한은 과거핵을 차기 미 행정부와 협상하겠다고 고집한다. 반면 미국은 볼턴과 같은 초강경파의 경우 당장 핵무기와 탄도미사일의 해외이전을 주장하는가 하면, 협상파라고 해도 어느 시점에서 포괄적 신고를 할 것인지는 분명하게 약속하라고 요구한다.

이처럼 두 가지 쟁점을 둘러싸고 북미 양측이 팽팽히 맞서고 있기 때문에, 실무회담을 넘어 연내 3차 정상회담이 열려도 한반도 비핵화 로드맵을 타결짓기는 쉽지 않다. 연내 타결을 위해선 미국뿐만 아니라 북한도 셈법을 바꾸어야 한다. 미국은 비핵화의 대상과 범위를 확정지어 불확실성을 없애야 하지만, 북한도 최소한 어느 시점에 과거핵의 포괄적 신고를 할 수 있는지 조건을 분명히 할 필요가 있다.

문 대통령의 중재외교, 북·미 모두를 설득해야 성공할 수 있어

북미 실무협상이 가시권에 들어오자 문재인 대통령은 중재외교에 다시 시동을 걸었다. 문재인 대통령은 오는 9

월 22일부터 닷새간 미국을 방문해 23일에 트럼프 대통령과 취임 후 9번째 한미 정상회담을 갖고 24일에 유엔총회 기조연설을 한다. 당초 이낙연 총리의 유엔총회 참석이 예정되었지만, 북미 비핵화 실무협상이 열리기로 함에 따라 한미 사전협의를 위해 문 대통령이 직접 미국을 방문하기로 한 것이다.

문 대통령은 작년 싱가포르 북미 정상회담 이후 고위급회담이 위기를 맞자 9월 평양 남북 정상회담을 성사시켜 한반도 비핵화와 평화회복의 돌파구를 열었다. 하노이 회담의 '노딜' 이후 비핵화 협상의 동력이 크게 약화됐을 때도 새로 구성된 최고인민회의 제1기 대의원회의를 앞두고 4월 11일 워싱턴을 방문해 톱다운 방식의 유용성과 3차 북미 정상회담에 대한 트럼프 대통령의 의지를 확인받았고, 6월 30일 판문점에서 남·북·미 3자 정상회동을 성사시키기도 하였다.

이번 문 대통령의 미국 방문과 정상회담은 북미 비핵화 협상의 동력을 만들어내는 게 목적이었던 이전의 정상회담과는 성격이 다르다. 문 대통령이 8.15 광복절 경축사에서 "북미 실무회담을 앞둔 지금이 한반도 비핵화와 평화정착을 위한 가장 중대한 고비"라고 밝힌 것처럼, 이번 정상회담은 어떻게든 북미 실무회담을 성공시키는 데 목적이 있다. 그러기 위해서는 북한이 요구한 '새로운 셈법'에 대한 우리 정부의 대안을 갖고 미국에 가야 하는 막중한 임무가 주어진 것이다.

이번 북미 실무회담이 성공하려면 우리 정부가 미국과 북한 사이에서 제대로 중재역할을 맡아야 한다. 한·미 정상회담에서 문 대통령이 트럼프 대통령에게 미국이 일괄타결이 아닌 단계적 타결을 받아들이고 구체적인 안전보장 방안을 내놓도록 설득해야 한다. 가능하다면 관광재개나 남북 철도연결사업과 같이 한국의 역할이 포함된 '유연한 접근'도 논의할 수 있다면 좋을 것이다. 그러기 위해서는 방미 전에 철저한 준비를 갖추어야 한다.

지금 북한은 자신들은 기존 셈법을 고수하면서 미국에게만 '새로운 셈법'을 가져오라고 요구하고 있다. 원만한 타결을 위해 북한도 기존 태도를 고집해서는 안 된다. 미국이 큰 관심을 갖고 있는 것은 핵무기와 탄도미사일과 같은 과거핵이다. 트럼프 1기 때 '어느 시점에서 포괄적 신고를 할 것인가'에 대한 입장을 내놓고, 구체적인 이행은 차기 미 행정부에서 맡도록 하는 방안에 더 이상 거부로 일관해서는 안 될 것이다. 이를 위해 정부는 한·미 정상회담 전후로 대북 특사를 파견하거나 번개회동을 통해 김정은 위원장을 설득할 수 있어야 한다. 우리는 이번 북미 협상이 한반도 비핵화와 평화정착에 큰 진전을 가져오는 변곡점이 되도록 해야 하며, 그것은 결국 북미 양측의 셈법을 바꾸어내는 우리의 진지한 노력에 달려 있다.

공동 대처가 시급한 축산안보

돼지 열병이 한반도를 기습하다

우리의 축산안보가 위협받고 있다. 지난 9월 17일 방역당국은 경기도 파주의 돼지농장에서 아프리카돼지열병(이하 ASF;African Swine Fever)이 발생한 것을 확진했다. 이후 경기도 연천, 김포, 강화도 등 휴전선 인근 13개 지역에서 확진 판정이 나왔다. ASF는 인체에는 무해하고 돼지류에만 발병하지만 치명적이다. ASF가 치명적인 이유는 아직 예방백신 및 치료약이 없기 때문이다.

ASF는 전파속도가 매우 빠르고 치사율 또한 거의 100%에 이른다. ASF에 걸린 돼지는 40도 이상의 고열과 피부출혈 증상을 보이다가 10일 이내에 폐사한다. 접촉에 의해 감염되기 때문에 ASF 바이러스에 내성이 있는 야생 멧돼지가 주요 매개체로 알려져 있지만, 다양한 형태로의 전이도 가능하다.

ASF는 오랜 기간 아프리카 지역의 풍토병이었고 1910년대 케냐에서 바이러스를 발견했다. 이후 1921년 영국의 수의병리학자 몽고메리가 ASF라고 명명하며 세상에 알려졌다. 1957년 포르투갈과 스페인에 상륙한 이후 이들 지역에선 1990년 말에 이 질병이 근절됐다고 발표했다. 1978년 이탈리아 사르디니아섬에 상륙한 ASF는 아직도 진행 중이다. 2007년에는 흑해연안의 조지아에서 발병했고 이후 러시아지역으로 퍼지면서 일부지역에선 풍토병으로 존재한다. ASF가 발병할 경우 국제수역사무국(OIE; Office International des Epizooties)에 즉시 보고하도록 되어 있다. 현재 56개국에서 ASF가 진행 중인 것으로 알려져 있다.

그런데 주로 유럽 및 아프리카 국가들에서 발병하던 ASF가 2018년 8월 중국에서 발병했다는 소식이 전해졌다. 이후 9개월 만인 2019년 5월 북한이 OIE에 발병 사실을 통보했다. 자강도 우시군 협동농장에서 발병했고, 17마리의 돼지를 폐사시켰다는 내용이었는데 그 이후 확산되고 있다는 추가보고는 없다.

북한의 공식 발표 이후 4개월 만에 한국에서도 발병했다. 아직 감염 경로가 정확하게 밝혀지지 않은 상태지만 아시아 지역으로 ASF가 확산되고 있음은 분명하다. 같은 시기 베트남, 라오스, 미얀마 등 동남아지역으로도 확산

중이다. 우리 축산업계는 2010년대 중반 유럽 지역으로 확산되고 있을 때부터 아시아 지역으로의 확산은 시간문제라며 심각성을 지적해왔다. 우리 방역당국과 양돈업계는 중국에서 발병한 후 상응한 대책 마련에 부심했으나 결국 한국을 피해가지 않았다.

북한에서 발병한 사실이 알려진 뒤 휴전선 인근의 야생 멧돼지는 보이는 즉시 사살하라는 지시가 있기도 했다. 그러나 이미 오랜 경험을 가진 유럽 지역에서는 야생 멧돼지를 생포하는데 주력한다. 그 이유는 야생 멧돼지의 특성상 생명의 위협을 느낄 경우 활동 반경이 오히려 넓어질 수 있고, 사살하면 다른 매개체에 전이될 가능성이 더 커지기 때문이다. 접촉에 의해 전파되는 바이러스의 특성으로 인해 다양한 경로로 전파될 수 있다는 점을 고려한 것인데 그만큼 방역에 오랜 시간이 걸린다는 것을 의미한다.

우크라이나의 한 트럭 운전사가 집에서 만든 돼지고기 햄버거를 먹으면서 운전하다가 벨기에 지역에서 남은 햄버거를 도로에 버렸는데 이를 야생 멧돼지가 먹고 병이 확산됐다는 것도 공식적으로 확인된 바 있다. 멧돼지는 내성이 생겨서 바이러스만 보균할 뿐 사망하지는 않기 때문에 바이러스를 옮기는 주범으로 지목됐지만, 육식성 조류 및 야생쥐, 잔반 등 다른 경로로도 얼마든지 옮겨질 수 있다. 지금으로서는 이동경로를 철저히 차단하는 방법 이외에 다른 방역 장치가 없는 실정이다.

축산안보에 심각한 위협을 받고 있는 북한

우리와 육지로 연결된 북한 지역은 철저한 격리 방역이 현실적으로 어려운 상태라는 점을 주목해야 한다. 북한 시장에서 지난 6월부터 8월 사이 돼지고기 가격이 폭락하고 소비도 늘었다는 소식이 전해졌다. 북한 시장에서는 살아있는 돼지를 도축한 경우 1kg 당 약 미화 2달러 정도에 거래되지만, 죽은 돼지를 도축한 경우 절반 가격에 거래된다고 한다. 북한이 OIE에 공식 보고한 직후 시장 가격이 폭락했고 그에 따라 소비도 늘었다는 것은 죽은 돼지고기의 유통이 급증했고 북한 주민들이 가격 하락에 따라 소비를 늘렸음을 의미한다. 시장을 통한 ASF의 확산을 짐작케 한다. 최근에는 다시 돼지고기의 시장가격이 예전 수준 이상으로 오르고 있으며 소비도 줄고 있다는 소식이 전해진다. ASF 확산에 따른 돼지고기 공급 축소와 가격 상승을 의미한다.

북한은 최근 부업축산을 장려해 왔다. 북한의 축산은 국영 및 협동농장의 공동 축산과 개인 가정에서의 부업 축산으로 대분할 수 있다. 1990년대 이후 북한 내 시장이 지속적으로 확장됨에 따라 개인들의 부업축산도 크게 늘었다. 1990년대 초반 북한이 발표했던 자료에 따르면 북한 전체 양돈업의 약 60% 정도를 개인들의 부업 축산이 차지했으니, 지금은 더 큰 비중을 차지할 것이다.

북한을 방문했던 사람들이나 탈북민들의 증언에 따르면 북한은 일반 가정에서 돼지를 키운다. 도시에 사는 사람들은 아파트나 공동주택에서 주방이나 베란다 쪽에 우리를 만들어서 2~3마리 정도를 사육하는데 돼지는 가장 중요한 재산 목록 중 하나다. 대략 10가구 당 1가구는 돼지, 닭, 토끼 등을 키우고 있다. 돼지 한 마리를 6개월 정도 키우면 장마당에 팔 수 있는데 한 마리 당 80달러, 쌀로는 200kg 정도다. 한 가구에서 1년에 2마리를 키워서 장마당에 판다면 쌀 400kg을 확보할 수 있으므로 가계 경제에 큰 비중을 차지한다. 재산목록 1호인 셈이다.

그러나 가정에서 키우는 돼지들은 질병에 취약할 수밖에 없다. 집에서 키우는 돼지의 사료는 주로 잔반인데, 이를 통한 전염 가능성은 더욱 높아진다. ASF의 발병으로 10가구당 1가구라고 계산해도 상당한 가정에서 주 소득원이 없어지는 상황에 직면하게 된다. 또한 그동안 돼지고기는 북한주민들의 주요 단백질 공급원이었는데 ASF가 풍토병으로 자리매김하게 되면 북한주민들의 건강 문제에도 심각한 영향을 미칠 수밖에 없다.

국가차원에서 생산, 유통 및 방역시스템을 가동하면 확산을 억제할 수 있겠지만, 북한은 그 시스템이 존재함에도 불구하고 제대로 가동되지 않는다. 1,416km에 달하는 중국과의 국경, 19km의 러시아 국경은 거의 무방비 상태다. 개인 가정에서의 사육이라 ASF를 방지하기 위한 다양한 소독 시설 등을 사전에 마련할 능력도 안 된다. 도축시설의 위생관리는 기대할 수 없고, 시장에서 그대로 도축하는 경우가 대부분이다. 결국 방역을 위해서는 언론 매체 등을 통해 교육을 하거나, 장마당 등에서 단속을 하는 방법밖에 없다. 그러나 북한주민들이 ASF의 심각성에 대한 인식이 워낙 낮은 것은 물론이고 인체에 해가 안 되다보니 경각심도 낮다. 지금 북한은 축산안보에 중대한 위협을 받고 있지만, 북한만 심각한 것이 아니다.

축산안보의 공동협력이 동북아 공동체의 출발이다

남북한은 DMZ를 사이에 두고 육지로 연결되어 있다. 야생 멧돼지는 물론이고 조류 등이 바이러스를 전이할 가능성도 배제할 수 없다. DMZ가 있어서 물리적으로 차단되는 효과는 있지만, 언제든지 넘어올 가능성을 배제할 수 없다. 현재 ASF 발병 지역이 대부분 휴전선 인근 지역이라는 점을 주목해야 한다. 아직 정확한 감염 경로가 밝혀지지 않았지만, 밝히는데 오랜 시간이 걸릴 수밖에 없거나 밝히지 못할 수도 있다. 그러나 개연성은 분명히 있다.

중국은 세계에서 가장 많은 돼지를 사육한다. 중국에 발병하면서 거의 절반에 해당하는 수억 마리의 돼지가 살처분됐으며 아직도 진행 중이다. 중국인들의 음식에 돼지고기를 빼놓을 수 없다. 우리도 2016년 이후 돼지고기가 쌀보다 많은 매출을 기록함에 따라 사실상 주식이 된 상태다. 북한주민들 역시 주요 소득원이자 단백질 공급원에 치명적인 위협을 받고 있다. 다시 말해 동북아 지역에 연해 있는 국가들의 식량 안보가 심각하게 위협을 받고 있는 것이다. 더욱이 이 문제는 짧은 시간에 해결될 수 있는 상황이 아니며, ASF가 풍토병화할 경우 심각성은 더해진다. 일본도 안전지대라고 할 수 없다. 어떤 형태로든 일본으로 진입할 가능성이 그만큼 높아진 상태다.

우리는 동북아의 평화를 주장한다. 안보는 동전의 양면과 같다. 주요 먹거리에 심각한 위협을 받는 것도 역시 안보의 영역이다. 지금이야말로 동북아의 축산방역 공동체가 필요하다. 아니 시급하다. 각국에서 발병한 바이러스에 대한 정보를 공유하고 예방백신과 치료약을 공동 개발해야 한다. 한국만 철저히 방역한다고 해결될 문제가 아니다. 겨울철만 되면 조류독감의 홍역을 치를 걱정을 하는 게 당연시된 실정이다. 물리적으로 막을 수 있는 문제가 아니다. 철저한 예방과 방역밖에 방법이 없다.

한국은 북한과의 협력을 제안했지만 북한은 묵묵부답이다. 북한 축산의 특성상 개인 가정들을 일일이 방역하는 것에 한계가 있음을 모르는 것은 아니지만 서로가 협력하여 공동 방역시스템을 구축하고 예방백신과 치료약을 개발하는 데 협력해야 한다. 북한이 답이 없다면 중국, 일본, 동남아 국가들 및 러시아와 축산안보 나아가 식량안보 차원에서 공동협력 시스템을 시급히 구축해야 한다. 이것이 동북아의 평화를 향한 공동체의 출발이 될 수 있다. 거창하지만 공허할 수밖에 없는 동북아 공동체라는 구호에 그칠 것이 아니라 우리 실생활에 직접 위협이 되는 분야부터 협력하는 노력이 필요하다. 역내 각 국민의 삶의 질을 높여줄 환경, 보건위생, 수자원, 에너지 분야의 협력도 마찬가지다. 이렇게 세부적이며 실질적인 분야의 협력으로 성과를 내면서 동북아 공동체의 모습을 구체화해나갈 수 있을 것이다.

김정은 위원장의 셈법과 남북관계
'새판 짜기'의 모색

금강산 시설 철거 지시의 속내

지난 10월 23일 북한 김정은 위원장은 금강산 관광시설을 현지 지도하고 "보기만 해도 기분이 나빠지는 너절한 남측 시설들을 남측의 관계 부문과 합의하여 싹 들어내라"는 다소 충격적인 지시를 내렸다. 뿐만 아니라 금강산 관광사업을 "선임자들의 잘못된 정책"으로 평가하고 우회적인 비판도 숨기지 않았다.

금강산 관광사업은 남북관계의 상징이자 최후의 보루로 여겨져 왔으며, 김 위원장의 지시가 실행에 옮겨질 경우 현대그룹의 피해가 불가피하다는 점에서 우리로서는 당혹스러운 일이다. 일각에서 국제적 규범과 가장 중요한 신뢰를 저버리는 북한의 '나쁜 습관'이 재연된 것이라는 평가도 있다.

김 위원장의 발언을 좀 더 면밀히 살펴보면 몇 가지 의도를 발견할 수 있다. 그것은 금강산을 북한이 주도해서 세계적인 관광지로 만들 것이며, 연후에 남녘 동포들의 관광을 환영하겠다는 것으로 요약될 수 있다.

김 위원장의 언급대로 세계적인 명소에 해당하는 금강산 관광에 대해 현대는 독점권을 확보했지만 지난 10년간 사업은 중단되었으며, 북한이 의도했던 수익은 발생하지 않았다. 이로 인해 대부분의 시설들이 방치되어 노후화를 피할 수 없었다. 김 위원장이 역점을 두고 건설 중인 원산 갈마 해안관광지구에는 16개의 호텔과 28개의 콘도미니엄 단지, 그리고 방갈로와 캠핑장 등 세계적인 규모의 관광단지가 개발되고 있다. 이에 비하면 작금의 금강산 관광시설의 현실은 초라할 지경이라고 해도 과언이 아니다.

북한의 자료를 통해 원산지구, 마식령스키장지구, 울림폭포지구, 석왕사지구, 통천지구, 금강산지구 등 6개 권역을 포함하는 '원산-금강산 국제관광지대'에 대한 구상을 확인할 수 있다. 마식령-원산-금강산을 연계하는 국제적인 관광지구의 조성이 김 위원장의 구상이다. 원산 갈마 해안관광지구 건설이 마무리 단계로 접어든 시점에 금강산 지구의 대규모 개발계획을 제시한 것으로 해석이 가능하다.

김 위원장은 금년 1월 신년사에서 금강산 관광사업의 조건 없는 재개 의사를 밝힌 바 있다. 그러나 이제는 더 기다릴 수 없으며, 자신들이 주도하는 새로운 관광사업을 하겠다는 것이다. 원산-금강산 지구 이외에도 삼지연과 양덕 온천지구 개발 등 김 위원장의 경제정책에서 관광사업은 핵심적인 의미를 지니고 있다. 북한의 경제 현실에서 단기간에 안정적인 외화 확보가 가능한 사업은 사실상 관광사업이 유일하기 때문이다. 김 위원장의 금강산 발언을 단순히 남북관계에 대한 불만과 위협으로만 볼 일이 아니며, '김정은식 남북경협 새판 짜기'의 일환이라고 할 수 있다.

김 위원장의 조문과 초대형 방사포 발사의 의도

10월 30일 김 위원장은 문재인 대통령의 모친상에 친필 조의문을 전달했다. 북한이 한국의 주요 인사의 장례에 조문을 한 것은 어제 오늘의 일이 아니지만, 냉랭한 남북관계의 현실에 비추어 예상을 뛰어넘는 행보로 볼 수 있다. 최근 북한의 매체들은 이름만 적시하지 않았을 뿐 사실상 문 대통령을 지칭해 국제외교의 관례는 물론 상식을 벗어난 험담을 쏟아낸 터다.

반면 조문 바로 다음날인 31일에 북한은 올해 세 번째로 두 발의 초대형 방사포를 발사했다. 이를 두고 북한의 대남압박 양동작전이라거나 남북관계에 대해 미련이 없다는 경고라는 평가가 나왔다. 그러나 북한의 초대형 방사포의 추가 발사는 이미 예고된 일이었다. 지난 9월 10일 북한군은 김 위원장 참관 하에 초대형 방사포를 발사했지만 한 발은 내륙에 낙하함으로써 실패한 것으로 추정된다. 또한 발사간격도 19분으로 다연장로켓 무기의 특징인 신속성도 확보하지 못했다. 당시 김 위원장은 연속발사를 위한 추가적인 시험의 필요성을 직접 지시한 바 있다는 점을 상기해 볼 필요가 있다.

통상 탄도미사일과 다연장로켓포(방사포)는 실전배치 이전에 신뢰성 검증을 위해서 10발 이상의 시험사격이 필수다. 따라서 이번으로 세 번째 발사된 북한의 초대형 방사포는 아직도 개발단계로 볼 수 있다. 통상 미사일과 다연장로켓의 시험발사를 위해서는 몇 주의 준비기간이 필요하다. 따라서 문 대통령 조문에 이어 바로 초대형 방사포의 시험발사를 기획했다고 보기는 어렵다.

북한은 한미의 연합 군사훈련과 한국의 첨단무기 도입을 문제 삼고 있다. 특히 우리가 도입 중인 F-35 스텔스 전투기의 경우 북한의 능력으로 요격은 물론 탐지조차 할 수 없다는 점에서 두려움의 대상이다. 금년 5월부터 시험발사가 시작된 북한의 단거리 미사일과 방사포의 경우 우리 안보에 위협요인이지만 엄밀히 보면 첨단 무기체계라고 할 수 없다. 7월 23일 김 위원장의 현지시찰로 공개된 잠수함의 경우 최대 세 발의 SLBM 탑재가 가능한 구 소련의 구형 골프급 내지는 파생형으로 추정된다.

우리 해군의 경우 수중 배수량 3,705t으로 여섯 발의 SLBM 탑재가 가능한 장보고-III형 잠수함, 즉 안창호급이 이미 지난해 9월 진수되어 시운전 중이며 실전배치를 눈앞에 두고 있다. 안창호급은 공기불요추진(AIP)시스템을 탑재하고 있어 2-3일에 한번 부상해야 하는 북한의 잠수함과 달리 2주간 장기 잠항이 가능하다.

연이은 북한의 발사체에 안보적 경각심을 가지는 것은 당연하지만 언론에 보도가 되지 않을 뿐 우리 역시 미사일 개발을 위해 지속적으로 시험발사를 하고 있다. 따라서 이번 김 위원장의 조문과 초대형 방사포 발사를 다른 각도에서 볼 필요가 있다. 즉, '조문에도 불구하고' 초대형 방사포를 발사했다기보다는, '냉랭한 남북관계에도 불구하고' 조문을 했다라고 해석하는 것이 더 타당할 것이다.

김 위원장의 '연말 셈법' 자가당착과 '새로운 길' 딜레마

시계바늘이 올해 말로 향하면서 한반도 평화프로세스에도 긴장감이 감돌고 있다. 김 위원장은 하노이 북미 정상회담 결렬 이후 협상시한을 금년 말로 공언했지만, 그

부메랑으로 인해 오히려 어려움이 가중되고 있다. 복합적인 이슈를 다루는 국제협상 국면에서 양측의 합의가 아니라 일방적으로 협상시한을 선포할 경우 스스로 시간에 쫓기게 된다는 점에서 한계가 있다. 김 위원장이 소위 '연말 셈법'의 자가당착에 빠졌다는 평가도 가능하다. 김계관 외무성 부상에 이어 김영철 부위원장까지 나서 강온의 메시지를 내놓고 있지만, 모두 미국에게 연말 이전에 해법을 찾으라는 것을 강조하고 있다는 점을 눈여겨볼 필요가 있다.

보다 큰 문제는 김 위원장의 '새로운 길' 딜레마다. 하노이 북미 정상회담 결렬 이후 북한의 주요 인사와 매체들은 새로운 길을 갈 수 있다는 언급을 반복하고 있으며, 최근에는 핵 실험과 ICBM 시험발사를 재개할 수 있다는 뉘앙스까지 풍기고 있다. 그러나 핵 실험과 ICBM 시험발사는 새로운 길이 아닌 북한이 이미 장기간 반복해온 '옛 길'에 불과하다. 북한이 '옛 길'을 선택할 경우 직면할 미래 상황은 녹록치 않다. 북한이 '옛 길'을 선택한다면 대북제재의 강화와 군사적 압박의 재개는 자명하며, 미·중 무역전쟁이 버거운 중국으로부터의 지원도 장담하기 어려울 것이다.

이미 미국은 대선 레이스에 접어들었으며, 트럼프 대통령에 대한 탄핵조사 결의안이 미 하원에서 통과된 상태다. 미국 정치의 특성상 대선 국면에서는 외교안보문제보다는 국내문제가 우선이다. 닉슨 대통령은 1972년 중국을 방문함으로써 세기의 성과를 거두었지만 워터게이트 사건을 덮는 데는 역부족이었다. 아버지 부시 대통령은 걸프전의 승리에도 불구하고 클린턴 대통령에게 패배했다. 오바마 대통령의 재선에 결정적인 것은 노벨 평화상이 아니라 미국의 경제였다. 북한이 '옛 길'을 선택할 경우 트럼프 대통령이 취할 방법은 양보가 아닌 강력한 군사적 대응밖에 없다는 것이 미국정치의 특성이다.

남북관계의 '새판 짜기'가 필요하다

선미후남(先美後南)으로 돌아선 북한의 전략과 탄핵 정국의 수렁으로 빠져 들어가는 트럼프 대통령의 상황을 수수방관할 일이 아니다. 올해 말을 성과 없이 보낼 경우 김 위원장의 '새로운 길' 딜레마는 깊어질 것이며, 트럼프 대통령은 본격 경쟁에 들어가는 대선에 집중하게 될 것이기 때문이다. 자칫 한반도 평화프로세스가 장기 표류할 개연성을 우려하지 않을 수 없다.

4.27 판문점 남북 정상회담은 6.12 싱가포르 북미 정상회담의 초석이었으며, 9월 평양 남북 정상회담은 영변 핵단지 영구폐기 의사를 이끌어냄으로써 하노이 북미 정상회담을 견인했다. 올해 6월 30일 역사적인 북미 정상의 판문점 회동도 서울 한미 정상회담을 계기로 성사된 것이다. 10월 스톡홀름 북미 실무협상 직전에 워싱턴 한

미 정상회담이 개최된 점도 눈여겨 봐야한다. 조성된 당면 난관에도 불구하고 지난해 시작된 한반도 평화프로세스의 진전에는 고단한 우리의 노력이 있었다는 점을 잊어서는 안 된다.

우리는 북한의 대남 비난에서 '남북관계의 단절'에 방점을 찍어줄 필요는 없다. 오히려 합의된 사항을 이행하고 민족공조에 입각해 신속하게 남북관계를 발전시키면 좋겠다는 그들의 속내를 드러낸 것에 주목해야 한다. 김 위원장이 선택한 경제건설총력집중노선의 관철을 위해서는 남북협력이 필수이며, 그토록 '잘 꾸리고' 있는 대규모의 관광단지도 우리 관광객 없이는 미래를 보장하기 어렵다. 북한이 현대 자산을 일방적으로 압수하고 철거한다면 우리 정부가 적극적으로 금강산 관광을 장려하기도 어렵거니와 국제자본의 신용도 크게 잃게 될 것이다.

다른 측면에서 보면 비핵화 협상의 교착국면에서 대북제재의 피해가 전방위적으로 확산되고 있는 북한에게, 현실적인 어려움을 들어 우리의 입장을 이해시키는 것은 한계가 있다. 우리가 북한의 신뢰를 확보할 수 있는 다양한 창의적인 방안을 마련해야 한다. 5.24조치 중 우리 국민의 방북 불허, 북한 선박의 우리해역 운항 불허, 그리고 대북 지원사업의 원칙적 보류 등은 현 상황에서도 해제가 가능하다. 금강산 관광문제의 해결을 위한 협의구도를 형성하는 동시에 개별관광 등 새로운 협력방식도 적극 모색할 필요가 있다. 김 위원장의 원산-금강산 국제

관광지대 구상과 현대그룹이 공존할 방안은 얼마든지 있다. 현대그룹의 자본과 관광사업 노하우를 결합할 경우 오히려 김 위원장의 구상이 탄력을 받을 수 있기 때문이다.

대북 특사와 추가적인 남북 정상회담의 추진도 마다할 일이 아니다. 올해 말까지 한반도 평화프로세스의 동력을 확보하지 못할 경우 다시 2017년의 위기국면이 재연될 수도 있다는 점에 경각심을 가져야 한다. 어수선한 국내정치에 휘둘리지 말고 초심으로 돌아가 한반도 문제 해결의 당사자가 되어야 한다.

북한주민 추방 사건의
적절성 논란과 과제

초유의 북한주민 추방 조치와 적절성 논란

정부는 지난 11월 2일 동해 북방한계선 인근 해상에서 나포한 북한어선에 타고 있던 북한주민 2명을 닷새 만인 11월 7일 북한으로 추방했다.

이들은 관계기관 합동심문 과정에서, 동해에서 조업 중에 동료승선원 16명을 살해하고 도주했다고 자백했다. 정부는 이들이 살인 등 중대한 비정치적 범죄자로 보호 대상이 아니며, 이들을 받아들이면 국민의 생명과 안전에 위협이 되고, 흉악범죄자로 국제법상으로도 난민으로 볼 수 없다고 판단해 북한으로 추방을 결정했다고 밝혔다.

이는 테러범, 살인범 및 위장 귀순 혐의자 등을 보호

에서 배제할 수 있도록 규정한 「북한이탈주민지원법」제9조가 시행된 지 20년 만에 북한으로 직접 추방한 첫 번째 사례다. 이에 대한 내외의 지대한 관심과 함께 추방조치의 적절성 논란이 여러 시각에서 뒤따르고 있다.

우선 추방 당시 이들이 저항하고 자해할 우려가 있었다는 것이 알려지면서, 비록 범죄(혐의)자이지만 자기방어 기회가 없었던 것이 아니냐는 지적으로 강제북송 논란이 제기되었고, 나아가 북송되면 처형될 것이 분명한 상황에서 잔인한 처사였다는 비난이 이어졌다. 또한, 이러한 무리한 조치의 배경에는 북한당국의 반대급부를 기대하는 정부의 의도가 있지 않았겠느냐는 음모론까지 들먹대기도 한다.

한편 우리 헌법 3조의 영토조항(4조 평화통일조항은 무시한 채)에 따라 북한주민도 우리 국민이므로 보호 대상이 아니라 하더라도 추방할 수는 없고 정착금 등 지원 대상에서 배제할 뿐 우리 사회에 수용해야 한다고 주장하는가 하면, 혹자는 목숨을 건 탈북과정에서 경우에 따라서는 불가피하게 살인도 저지를 수 있었을 것이라는 정황참작론도 제기하고 있다.

아무튼, 이번 강제추방조치는 정부가 아무리 적법한 절차와 매뉴얼에 따라 취한 것이었다고 설명하더라도 개운치 않은 논란을 불러일으키고 있다.

국제 인권감시단체 HRW(Human Rights Watch)는 11월 12일 보도 자료를 통해 한국 정부의 조치는 유엔고문방

지협약 위반 소지가 있다고 했으며, 우리 국가인권위원장
은 11월 29일 국회운영위에서 이번 조치에 강제성과 절
차적 위법성이 있었는지 검토해 보겠다고 했다.

북한주민 추방 사건이 남긴 과제

이번 추방조치가 논란을 야기한 것은 결국 북한주민을
우리 사회에 받아들이는 과정과 절차가 명료하게 법제화
되지 않은 사정과 관련이 있다.

　이러한 문제와 관련된 기본법이라고 할 수 있는 「북한
이탈주민지원법」은 보호대상자가 보호결정을 받은 이후
의 제반 정착지원에 관한 규정들을 중심으로 구성된 반
면, 보호결정 전후의 과정은 원론적 수준에서 언급하고
구체적인 절차를 명문화하지 않았다. 또한, 보호결정에서
배제된 사람들에 대한 사후처리 과정 역시 대부분 공백
상태에 있다.

　2016년 4월 발생한 중국 내 식당 종업원 13명의 집단
탈북 사건이 당사자의 자발적 의사보다 식당 지배인과
우리 정보기관이 기획하여 꾸민 일이라는 의심으로 강제
귀순 시비를 낳은 것이나, 이번 추방조치로 강제북송 시
비를 야기한 것이나 모두 보호결정 전후과정에 대한 객
관적 법제 절차가 미비한 가운데 담당 기관의 자의적 판
단에 대한 의구심과 관련된 것으로 볼 수 있다.

지난 10년간 보호결정 과정에서 적발된 위장 탈북자는 약 200명인데 그 중 위장간첩에 대해서는 국가보안법 관련 규정에 따라 처리하고, 탈북자 행세를 하다 적발된 중국인(조선족)들은 중국으로 추방하고 있다. 그런데 중국 정부가 북한 거주 화교 출신자에 대해 우리 정부의 추방 조치를 수용하지 않아 곤란한 상황이다.

또한, 보호결정을 받고 우리 사회에서 살다 중대 범죄를 저지르거나 밀입북 기도로 처벌되어 보호결정이 취소된 사례도 지난 10년간 약 200건이 발생했는데 이들에 대한 사후관리는 매우 골치 아픈 일이며 인권 차원에서도 문제가 될 소지를 안고 있다.

이번 북한주민 추방사건으로 제기된 합리적 비판과 논의를 잘 수렴한다면, 북한이탈주민 보호결정 전후과정의 절차와 보호결정에서 배제된 사람들에 대한 사후처리에 대하여, 담당기관의 자의적 판단의 여지를 가능한 제한하고 이를 객관적인 규정으로 제도화할 수 있다.

이 과정에는 인권 차원 이외에도 대공안보 차원과 형사정책 차원의 고려도 충분히 이루어져야 한다. 한반도 현실에서 탈북자 보호과정이 위장간첩의 안전한 대남 침투경로가 되거나 비인도적인 중범죄자의 도피처로 악용될 소지를 철저히 막아야 하기 때문이다.

현재 보호결정을 위한 관계기관 합동심문이 이루어지는 곳이 원래 생포된 간첩이나 공비들을 취조하던 기관이었다는 역사적 배경도 한반도의 현실을 말해주고 있다.

남북관계의 부침과 북한관련 법제도 정비 노력

남북관계 법제도는 지난 70년간 남북관계의 부침을 겪으면서 담당기관의 자의적 판단 영역을 점차 축소하고 객관적 기준과 절차를 통해 규율되는 영역을 넓히는 방향으로 제도화를 진전시켜 왔다.

1980년대까지 남북관계를 규율하는 법률은 「국가보안법」이 유일했고 그 법률하에서 북한과의 모든 접촉과 거래, 교류와 왕래는 일반적으로 금지되었다. 다만 간헐적으로 이루어지는 남북당국 간 대화나 특사 파견 등은 대통령의 통치행위라는 법 논리로 합리화하였고 일반국민들은 통치행위에 해당되지 않는 한 북한과의 교류와 협력에 나설 수 없었다.

1989년 「남북교류협력법」의 시행으로 일반국민이 통치행위에 해당하지 않더라도 법률이 정한 절차와 요건에 따라 통일부장관의 승인을 얻어 남북교류협력에 나설 수 있게 되었다. 정상적으로 이루어지는 남북 간의 교류협력은 그 승인 내용의 범위 내에서 국가보안법 적용대상에서 벗어났다. 이후 2005년의 「남북관계발전법」에 따라 남북합의서의 국내법적 효력을 인정할 수 있는 근거가 마련되었다.

위와 같이 남북관계에 대한 법제도화 노력은 반드시

북한과 합의가 없어도 우리 사회의 발전에 따라 과거에는 통치자와 담당기관이 자의로 판단하던 영역들을 점차 축소시키는 방향으로 추진되어왔다.

하지만 남북관계가 특수관계에 있고 북한주민에 대한 법적 지위를 둘러싼 하나의 명백한 규정을 마련하기 어려운 만큼, 실제로 일어날 가능성이 있는 사안들에 대해 아직도 구체적 대비가 미비하다. 특히 앞으로 평화프로세스가 진행되고 교류협력의 심도가 깊어진다면 일어날 온갖 가능성에 대해 상상력을 충분히 동원해야 한다. 명분에만 집착하여 우리 정부가 모든 북한주민의 생명과 재산을 보호해줄 책임이 있다고 전제한다면 현실적인 대안이 나올 수 없다.

이번 사건을 계기로 탈북민을 우리 사회에 받아들이는 문제를 포함하여 남북관계에 관련된 사안들은 담당기관의 자의가 아니라 투명한 절차와 기준에 따라 우리 국민의 공감을 바탕으로 다루어질 수 있도록 제도화의 수준을 높여 나가야 할 것이다.

한반도 평화 전략으로 보는
지소미아 사태의 복기

지소미아 사태의 의도하지 않은 결과들

연말을 향해 강대강으로 치닫던 한일관계가 지소미아의
종료 연장으로 '일단 멈춤' 상태에 들어갔다. 종료 연장
발표 이후 우리 정부는, 지소미아 종료 결정이 일본에
대한 압박카드로 유용했다고 강조하고 있다. 즉 지소미아
종료 결정이 수출규제조치와 관련한 일본의 태도 변화를
유도하여, 한일관계를 7월 1일 이전으로 복귀시킬 수 있
는 길이 열렸다는 것이다.

그러나 우리 외교는 두 가지 도전 과제에 직면했다.
하나는 평화 공간의 재건이며 다른 하나는 정의의 원칙
에 입각한 과거사 문제의 해결이다. 문제는 이들 과제를

과거보다 더 어려운 상황에서 풀어나가야 한다는 사실이다. 이러한 상황은 전략과 전술을 거꾸로 세운 결과이기 때문에 이를 시정하는 데서 문제 풀이가 시작되어야 한다.

위협받고 있는 한반도 평화의 공간

무엇보다 우려되는 것은, 지소미아 종료를 미국을 통한 대일 압박의 외교 카드로 사용함으로써 2018년 한반도 평화프로세스로 겨우 열린 평화의 공간이 위협받고 있다는 점이다. 종료 연장 결정이 한일관계에 거칠게 개입해 들어오는 미국의 힘이 작용한 결과였다는 점은 누가 보더라도 부인하기 어렵다. 지소미아 파기 결정에 '깊은 실망'을 표명했던 미국은 종료 통보의 효력 정지를 'renew'로 표현하며 갱신을 기정사실화하고 환영하고 있다.

10월 말부터 11월 초에 걸쳐 미국은 파상공세로 우리 정부를 압박해 들어왔다. 스틸웰 미 국무부 차관보, 랜들 슈라이버 미 국방부 차관보, 마크 내퍼 미 국무부 부차관보, 조셉 영 주일 미국 임시대리대사 등이 잇따라 우리 정부에 경고를 보냈고, 우리 언론은 미국 싱크탱크 관계자라는 익명으로 발신되는 이야기들을 퍼날랐다.

내퍼 부차관보의 발언은 닛케이신문 인터뷰를 통한 것이었고, 스틸웰 차관보의 발언은 주일 미 대사관의 기자회견에서, 슈라이버 차관보의 발언은 닛케이신문과 CSIS 의 공동주최 포럼에서 나온 것이었다. 이러한 발언들은 대부분 일본 경유로 나왔는데, 그 배경에 이들이 일본 정부를 설득하고 있었던 정황이 있었다고 추측해 볼 수 있다. 문제는 이러한 과정에서 미·일 동맹론자들이 전면에 나서며 영향력을 키우고 있었다는 점이다.

일본의 수출규제조치로 한·일 갈등이 극에 달하던 7월 말 이후 워싱턴 외교가의 주류인 미·일 동맹론자들의 목소리가 두드러지기 시작했다. 케빈 메어 전 국무부 일본 부장이 일본의 한 간담회에서 쏟아낸 발언이 그 전형이다. 그는 북한의 비핵화는 비현실적이며, 한반도 위기 시를 대비해 한일 안보협력이 필요함에도, 이미 해결된 역사문제를 계속 들먹이는 한국이 지긋지긋하다며 한국을 비난했다.

또 다른 미·일 동맹론자 마이클 그린이 11월 14일, 일본의 보수 인터넷매체인 「nippon.com」에 기고한 글에서도 워싱턴 주류의 한일관계 인식이 여실히 나타나 있다. 그는 한일관계 악화가 잘못된 대법원 판결로 인한 것이라고 한국의 책임을 지적하면서, 그럼에도 일본이 중국 견제라는 대국적인 견지에서 관계 회복에 나서도록 촉구하고 있다. 주목할 점은 이 시점에 그가 내놓은 해법이다. 그는 일본이 한국의 화이트국가 리스트 전면 복귀를 가능하게 하는 조치로 한국의 체면을 살려 지소미아를 유지하게 하는 동시에, 한국 정부와 기업이 주도하고 일본

의 기업이 자발적으로 참여하여 기금을 조성하는 안으로
'징용' 문제를 해결하자는 것이다.

미·일 동맹론자답게 그 어디에도 역사의 정의에 대한
고민은 보이지 않는다. 특히 '징용' 관련 제안은 또다시
과거사 문제를 봉인하는 방법이어서 해법이 될 수 없다.
지소미아 사태가 수습 국면에 들어선 배경에 미국이 있
다면, 이러한 미·일 동맹론자들이 공유하는 방안이 채택
된 것일 수 있다. 현재 문희상 의장이 제안하여 논의 중
인 법안이 이런 맥락에서 나온 것이라면 문제가 아닐 수
없다.

거꾸로 선 한반도 평화 전략과 대일 압박 전술

한반도 평화프로세스는 냉전과 정전을 전제로 한 동북아
시아의 갈등과 대립의 질서를 평화와 협력의 질서로 전
환하는 의미를 지닌다. 2018년 판문점 남북공동선언에서
싱가포르 북미공동선언에 이르는 과정에서, 한·미·일 삼
각형으로 만들어진 안보의 공간을 대신해 남·북미 삼각
형으로 평화의 공간이 만들어지기 시작했다. 동시에 워싱
턴에서 미·일 동맹론자들의 입지가 작아지고 있었다.

그런데 지소미아를 대일 압박카드로 사용하는 과정에
서 이들의 발언권이 다시 커졌다. 지소미아 종료가 대일
압박의 전술적 카드가 될 수 있다고 해도, 그것이 한반

도 평화 구축이라는 전략 수준의 과제 수행에 도전적인 환경을 조성할 수 있다는 점을 고려한다면 애초에 지소미아를 카드로 활용하는 것은 신중했어야 했다.

그럼에도 일본이 안보적 신뢰관계를 이유로 한국에 대한 수출규제조치를 강행한 상황에서 지소미아를 종료시킨다는 우리 정부의 선택은 논리적으로 합리적인 행동이었다. 한편 일단 종료를 선택했다가 이에 복귀한다는 것은, 2018년 한반도 평화프로세스 이후 변화한 남북관계의 현실을 우리 정부가 스스로 부정하는 결과가 되기에, 2016년에 처음으로 지소미아를 체결할 때보다도 더 큰 파장을 지니게 될 것임을 각오했어야 했다. 그런 의미에서 지소미아 종료 연장 결정 또한 한반도 평화프로세스의 진전이라는 전략적 목표와 어긋나는 결정이었다. 결국 한반도 평화의 공간이 심각하게 위축되었다.

게다가 지소미아 사태 이후 한국의 대일 외교에서 역사적 정의의 원칙이 실종되는 현실이 나타나고 있다. 문희상 의장이 강제동원 문제 해법으로 이른바 1+1+α로 논의되는 제안의 원형을 제시한 것이 11월 5일, 와세다대학에서 실시된 강연에서였다. 한국과 일본의 책임 있는 기업이 중심이 되고, 이에 양국 국민의 성금, 그리고 화해·치유재단 해산 후 잔여금 60억 원을 더해 기금을 만들어 피해자에게 지급한다는 것이 주된 내용이었다. 이미 그 방식에 대해 일본의 책임을 분명히 하지 못하고 있다는 점, 일본군 '위안부' 문제와 혼동하고 있다는 점이 문제점으로 지적되어 반대 의견이 제시되고 있었음에도, 문희상 의장안은 지소미아 종료 시한이 다가오던 11월 19일부터 국내 의견수렴 과정에 들어갔다.

문 의장안이 나오는 배경에 한미·일 삼각안보협력 체제의 강화 조짐이 어른거리고 있는 것도 문제지만, 더 본질적인 문제는 화해·치유재단 해산으로 남은 60억 원을 강제동원 피해자 구제에 투입하겠다는 발상에 있다. 이는 일본 정부가 책임을 회피하는 상황에서 일본이 재단 발족에 기여했다는 형식을 갖추어 보려는 편의주의적 발상이다. 일본군 '위안부'가 넓게 강제동원의 한 형태였다고 해서 이를 섞어버리는 것은 '위안부' 문제 해결을 위한 오랜 시민사회의 노력과 그로부터 전개된 독자적 발전과 성과를 무시하는 처사다.

나아가 문희상 의장안은 시민사회의 노력을 수용하여 문재인 정부가 추진하고 있는 노력과도 충돌한다. 생존자가 얼마 남지 않은 상황에서 위안부 문제 해결의 중점은 생존자의 명예회복과 상처치유에서 재발방지를 위한 진상규명, 교육홍보로 이동하고 있다. 이를 고려하여, 자료발굴과 연구가 수행되는 연구소, 도서관, 박물관의 기능이 종합적으로 갖추어지고, 독립적 운영이 담보되어 장기적인 관점을 가지고 정책생산까지 할 수 있는 라키비움(lachiveum, library+archive+museum) 설립이 구상되고 있다.

여성가족부는 지난 5월 관련 활동가와 연구자들을 중심으로 '여성인권과 평화센터(가칭)' 설립을 위한 추진자문

위원회를 발족시켜 논의를 개시했고, 그 과정에서 이 구상은 '여성인권평화재단'의 설립으로 구체화되었으며, 재단 특수법인 설립을 포함한 위안부피해자법 개정법안이 발의된 바 있다. 현재 예산과 인원 확보를 위해 기획재정부 행정안전부 등과 협의하고 있으며, 국회에서 심의를 준비하고 있다. 위안부 문제 해법은 이러한 경위를 존중한 위에서 마련되어야 한다.

다시 강제동원 문제 해결의 기본으로 돌아가서

강제동원 문제는 역사적 정의의 확인, 정치적 현실의 고려, 사법부 판결의 이행이라는 세 가지 층위에서 복합적이고 포괄적인 해법이 모색되어야 한다. 강제동원과 관련한 대법원 판결의 핵심은 식민지 지배의 불법성을 전제로 일본 기업의 책임을 확인한 것이다. 따라서 무엇보다도 먼저 식민지 지배가 불법이었다는 사실을 일본이 인정하도록 하여 '역사의 정의가 확인'되어야 한다.

그러나 아베 내각의 일본이 이를 인정하는 것은 당분간 기대하기 어렵다. 따라서 이 문제는 장기적인 과제로 남겨두고 해결을 향한 문이 열려 있다는 것을 확인하는 것을 당면 목표로 설정할 필요가 있다. 식민지 지배의 강제성을 인정한 2010년 간 나오토 담화의 역사인식을 한일 양국이 공유하여 확인하는 것이 방법이 될 수 있고 이를 위한 외교 채널을 여는 것이 우리 정부가 해야할 1차적 노력이 다.

이 점이 확인된다면 '정치적 현실의 고려'라는 다음 층위로 올라갈 수 있다. 일본 정부와 기업이 강제동원 배상 책임을 인정하지 않는 현실에서 강제동원 피해자들은 점차 고령화하는 현실이 있다. 강제동원 피해 구제의 1차적 책임이 일본 정부와 기업에 있다는 것은 아무리 강조해도 지나치지 않지만, 일본이 이를 거부하고 피해자들은 고령화하는 현실에서 우리 정부가 문제 해결의 주체로 나설 필요가 있다.

우리 정부의 책임이 전혀 없는 것도 아니다. 대법원 판결의 핵심이 식민지 지배의 불법성을 확인하는 것인바, 그 이면에 대한민국 임시정부가 합법적으로 존재했다는 사실을 확인한 것이기도 하다. 그렇다면 이를 법적으로 완성하는 조치로 우리 정부에 귀속되는 책임을 법적 기초 위에서 이행할 필요가 있다. 이는 일본과의 협의나 협력 없이 우리 정부의 일방적 조치로 국내적으로 실시하면 되는 일이다.

이에 대한 국내적 합의가 이루어지면 '사법부 판결의 이행'이라는 다음 층위로 올라갈 수 있다. 즉 판결을 존중하여 일본 기업이 책임을 이행하게 하는 것이다. 이와 동시에 지체된 한반도 평화프로세스의 복구와 추진으로 평화 공간을 재건하여 일본을 이 공간으로 이끌어올 필요가 있다. 그 과정에서 일본으로 하여금 역사적 책임을 자각하고 이행하게 하는 것이 올바른 방향이다. 기왕에 지소미아의 종료 유보까지 왔지만 이것이 끝이 아니며, 지금이라도 한반도 평화 전략을 위에 놓고 한일관계를 풀어나가야 지소미아 문제도 제대로 해법을 찾을 수 있을 것이다.

크리스마스의 평화를 위한 제언

레드라인을 밟은 북한

2019년 5월 4일 발사체 시험을 시작으로 11월 28일까지 북한은 소위 '단거리형 무력시위' 행보를 이어 왔다. 북한의 단거리 발사체는 다종 및 다양한 형태로 탄도미사일과 방사포(다연장 로켓)가 주종을 이루었다. 예외가 있다면 10월 2일의 SLBM으로 사실상 중거리였지만 사거리는 단거리를 유지했다.

북한의 행동은 모든 탄도미사일 기술을 적용한 북한의 발사체 시험을 금지한 유엔의 결의와는 흐름을 달리한다. 사거리 1000km 미만 단거리 발사체의 경우 미국 본토 위협 가능성은 없으나 서울, 베이징, 도쿄를 포함해서 한중일의 주요 도시를 핵심 사정권으로 한다. 특히 북한의 스커드와 노동계열 미사일의 개량형은 핵탄두의 탑재 가능성도 있다는 점에서 우려가 따른다.

지난 2월 하노이 북미 2차 정상회담 이후 김정은 위원장은 4월 12일 시정연설을 통해 강도 높은 대남, 대미 비난과 함께 일방적으로 올해 말을 비핵화 협상 시한으로 선포했다. 이후 북한은 지속해서 단거리 발사체를 시험했으며 그 의도는 대남, 대미 압박이라고 할 수 있다. 이에 대한 트럼프 대통령의 대응은 북한의 단거리 발사체는 별문제 없으며, 모든 국가에서 하는 행보라는 것이었다.

연말로 접어들면서 북한의 무력시위는 레드라인을 밟기 시작했다. 11월 원산 일대에서 행한 일련의 북한군 현지 시찰에 이어 김정은 위원장은 서해 창린도에서 해안포 사격을 지시했다. 이는 9.19 남북 군사합의를 명백히 위반한 것으로 그동안 우리 정부가 성과로 내세운 군사적 신뢰 구축에 상처를 주는 공개적 행보였다. 12월 7일과 13일 북한은 동창리(서해 위성발사장)에서 두 차례의 중대한 시험을 성공리에 마쳤다고 공개했으며, 특히 두 번째 시험 시간을 7분이라고 밝힘으로써 ICBM 관련 엔진 시험임을 암시했다.

동창리는 로켓의 발사와 엔진 시험을 위한 시설이라는 점에서 장거리 탄도미사일(ICBM)과 직접적으로 관련이 있다. 북한이 해체에 착수했던 동창리 시설에서 시험을 진행한 것은 트럼프 대통령이 자신의 최대 외교 업적으로 내세운 북한의 ICBM 발사 및 핵실험 중단에 대한 중대한 위협이 된다. 북한이 ICBM을 발사할 경우 대선국면에 진입한 트럼프 대통령으로서는 정치적 타격을 피할 수 없다.

바빠진 미국의 행보

북한의 고강도 무력시위로 미국의 행보도 바빠졌다. 우선 트럼프 대통령이 김 위원장을 다시 로켓맨으로 호칭했으며, 북한이 대선에 개입하지 말 것과 김 위원장이 "모든 것을 잃을 수도 있다"라고 경고했다.

미국 비건 대북정책 특별대표는 15~17일 한국을 전격 방문했다. 비건 대표는 알렉스 웡 부대표와 앨리슨 후커 NSC 한반도 담당 선임보좌관 등 북핵 협상 실무진을 모두 대동했다. 한국을 방문한 비건 대표는 "나는 여기 있고, 북한은 접촉하는 방법을 알고 있다"고 함으로써 북미 판문점 회동을 염두에 둔 제안을 했다.

비건 대표는 또한 "미국은 타당성 있는 단계와 유연한 조치를 통해 균형 잡힌 합의에 이를 준비"가 되어있다고 밝힘으로써 북한이 원하는 접근법도 제시했다. 비건 대표는 19~20일 예정에 없던 중국을 전격 방문한다. 판문점 북미 회동 결렬 이후 다시 북한을 협상 테이블에 견인하기 위해 중국의 협조를 구하거나 혹은 북한의 움직임에서 새로운 신호를 잡은 데 따른 미국의 행보로 읽을 수 있다.

이전 북한의 단거리 발사체 무력시위 때와는 사뭇 다른 미국의 신속하고도 적극적인 대응이다. 이 점에서는 트럼프 대통령의 아킬레스건이라고 할 수 있는 ICBM을 건드린 북한의 전략이 일정 정도 효과를 발휘했다는 평가도 가능하다.

일반적인 경우 외교, 특히 북한 문제는 미국의 대선에 결정적인 영향을 미치지 않는다. 그러나 트럼프 대통령은 북한 문제를 자신의 성과로 수없이 내세웠으며, 자신에게 세계의 이목이 집중되도록 활용해 왔다. 미국 대선 길목에서 트럼프 대통령 스스로 북한 문제의 함정에 빠졌다는 이야기도 나온다.

다시 초심으로 돌아가자

김 위원장은 2018년 4.27 판문점 남북 정상회담을 앞둔 4월 20일 당 중앙위원회 전원회의를 통해 경제·핵병진노선의 결속(종료)을 선언하고 경제건설총력집중노선을 채택했다. 이후 김 위원장은 파격적인 행보를 통해 비핵화 협상에 나섰으며, 남북 정상회담 3회, 북미 정상회담 및 회동 3회, 북중 정상회담 5회, 그리고 북러 정상회담 1회 등 숨 가쁜 정상외교를 펼쳤다. 이 같은 김 위원장의 행보에서 비핵화 협상을 통해 경제발전을 위한 동력을 확보하겠다는 의도를 읽을 수 있다.

이제 지난 2년여간 원하는 성과의 도출에 실패한 김 위원장은 자신의 전략적 결정에 대해 연말 시한이라는 기로에 서 있다. 이미 북한은 비핵화 협상의 성과 없이 연말을 경과할 경우 '새로운 길'을 가겠다는 점을 예고했다.

북한이 말하는 '새로운 길'이 ICBM 발사와 핵 실험을 재개하는 것이라면 이는 사실상 옛길로 돌아가는 것이며, 그럴 경우 파국적 결과를 우려하지 않을 수 없다. 현재로선 미국의 양보를 기대하는 것은 난망하며, 이미 미국 조야에서 회자되고 있는 북미 충돌 가능성도 배제할 수 없다. 더 큰 문제는 김 위원장이 인민들에게 약속한 경제건설총력집중노선의 관철도 물 건너간다는 점이다. 원산갈마 해안관광지구, 삼지연지구, 양덕 온천지구 등 해외관광객 유치를 위해 건설한 대규모 관광시설의 미래도 암울해지게 된다. 김 위원장이 초심으로 돌아가야만 하는 이유이다.

트럼프 대통령 역시 북한 문제를 개인의 정치적 이해관계와 컨벤션효과로 이용하는 행보를 멈추어야 한다. 또한 대북제재 만능론에서도 벗어나야 한다. 1차 세계대전 이후 베르사이유 조약으로 탄생한 유럽의 징벌적 평화체제가 히틀러라는 독버섯이 자라는 토양이 되어 결국 비극적인 2차 세계대전의 도화선이 되었다는 역사적 사실을 망각하지 말아야 한다. 미국은 2차 세계대전 이후 브레튼우즈 체제와 마샬플랜의 주역으로 지금까지 3차 세계대전을 막은 성공적인 평화경제의 주인공이었다는 점을 성찰할 일이다. 포용적 평화체제의 형성이 중요한 이유이다.

북미 간의 불신 속에서 한국의 전략적 공간은 다시 넓어지고 있다. 4.27 판문점 남북 정상회담은 북미 비핵화 협상의 물꼬를 텄으며, 9.19 평양 남북 정상 공동선언은 영변 폐기를 명시함으로써 하노이 북미 2차 정상회담의 동력을 제공했다. 6.30 북미 판문점 정상회동도 당일 한미 서울 정상회담이 있었기에 가능했던 일이다. 이제 다시 우리는 초심으로 돌아가 한반도 문제의 중재자가 아닌 당사자, 나아가 해결사로서 막중한 임무를 수행해야 한다.

중요한 것은 긴 비핵화 여정을 시작하는 것이며, 실질적인 초기 합의를 도출하는 일이다. 김 위원장의 결단이 옳았다는 신뢰를 심어주어야 하며, 이를 위해서는 미국의 상응 조치를 유도해내는 일에도 전력을 기울여야 한다. 당장 가능한 남북관계는 전방위적으로 열어야 하며, 남북 철도·도로 연결에도 적극적으로 나서야 한다. 남북 철도·도로 연결을 중국과 러시아가 안보리에서 논의하는 판이다. 고위급 대북 특사 파견은 물론이거니와 파격적인 남북 정상회담도 마다할 일이 아니다. 특히 중요한 것은 연말 딜레마에서 시급히 벗어나는 일이다. 김 위원장이 연말 데드라인을 스스로 접을 수 있는 명분과 실리를 보장하는 창의적인 대안이 시급한 이유이다.

종교를 떠나 성탄절은 인류 모두가 축하하고 향유할 기념일이자 포용과 평화의 가르침을 되새기게 하는 날이다. 이 축복의 날에 증오와 대결을 가득 실은 '선물'이 배달되는 일이 있어서는 결코 안 될 것이다. 성탄절의 평화를 위해 모두가 초심으로 돌아가야 한다.

연대표

(2019)

2019 연대표

남한	북한	미국	중국	일본	기타
1.1 통일부 "金위원장, 처음 '완전한 비핵화' 대내에 육성 연급"	1.1 北김정은 "우리 조선반도 노력으로 조선반도에 평화 기류"《조선중앙TV》	1.1 美언론, 김정은 부대화 의지 속 '美 오판 시 새 길' 경고 주목《WSJ》	1.1 中매체, 김정은 신년사에 '완전한 비핵화 의지 천명' 주목《신화통신》	1.1 NHK, 김정은 신년사 신속히 보도…"비핵화 의지 강조"	1.1 인도 언론도 김정은 신년사 보도…"새로운 길" 발언에 관심《NDTV》
1.1 개성공단 기업 "北김정은 개성공단 재개 확고한 의지 환영"	1.1 北김정은 "조선반도 구조적 평화지대로 만들려는 확고한 의지"	1.1 美국무부, 김정은 신년 사에 "노벨 사용하겠다"	1.1 시진핑, 트럼프에 "협력이 최선의 선택"…미중 수교 40주년 축전	1.1 아베, 레이더 갈등에 화기관제 레이더 겨냥 "위험한 행위" 주장	1.1 러 언론도 김정은 신년사 신속히 소개…"비핵화 의지 확인"《타스통신》
1.1 靑 "김정은 신년사 매우 긍정적…北미 대화 동력 강화"	1.1 김정은 "美대통령과 마주 앉을 준비돼…오언 시 새길 모색"	1.2 트럼프 "김정은 위원장과의 만남 고대"	1.2 "中기업들, 김정은 '개 성공단 재개 움의'-구제에 관심 많아 있다"《글로벌타임스》	1.6 아베, 韓초유대법원 압류 신청 "매우 유감…구체적 조치 검토 지시"	1.7 교황 "한반도 대화 지켜 보고 있다…화해하려는 엄 숙적 해결책 도출되길"
1.3 태영호 "南, 개성공단·금 강산관광 재개 응하면 김 정은 답방"	1.1 김정은 신년사 요지…비핵화 재천명 조건 없는 개성공단 재개	1.3 트럼프 "김정은의 멋진 신년 받아…그리 머잖은 미래에 2차 회담"	1.2 中외교부, 김정은 신년 사에 "한반도 비핵화 적극 진전 기대"	1.13 "北외무상, 日에 '북 일협상 시 강제동원 문 제 거론할 것' 통보"《교 도통신》	1.10 러-中 고위 외교 인사 연담…"한반도 문제 공조 강화 논의"
1.3 정부, 오후 NSC 상임 위서 개성공단·금강산관 광 관련 입장 검토	1.3 "이탈리아 주재 北대사 대리 망명 터진…제3국 행 희망"	1.3 美국방부, 北신년사에 "군사적 긴장완화 외교노 력 지지"	1.2 시진핑 "대만 문제 외 부 간섭 안 돼…무력사 용 포기 안 해"	1.14 日언론 "美, 주한미군 외화 우리에 유엔사 기 등 강화" 해석	1.12 프랑스, 北 감시 마일 공동순찰에 함대 파견하 도
1.3 국방부 "천안함 폭침·연 평도 포격도발, 北 책임 조치 해야"	1.3 "김정은 '새로운 길은' 미국 대신 중국과 손잡 기 시사"	1.3 트럼프-김정은 '친서외 교' 넉 달만에 재개…'2 차정상회담' 흘러 붙나	1.7 中, 무역협상 첫날 美 군함 남중국해 항해에 "엄중교섭 제기"	1.17 日외무상, 북미 고위 급회담 앞두고 폼페이오 와 통화…"긴밀여대"	1.14 러 외무부 "김정은 위 원장 방러 여전히 현안으 로 남아있어"
1.3 靑 NSC "므 초게기기 그		1.9 WSJ "김정은 방중, 미중 무역협상 …지"			

(좌측)					(우측)
점비행 심각, 필요한 조치 취할 것"	동서 경제분야 대북증가…42%로 최다"	렛대 제공"	1.10 "中 미국산 구매 추가 시장개방 전제…보조금 지제는 이건"(WSJ)	1.21 미 밀 외교장관 통화…"2차 북미회담 앞두고 연내 확인"	1.16 러 외무 "北 건설적 행동에 상응 행보 필요"…美에 화답 촉구
1.9 조명균 방중, "김정은 우리 측과 사전 교감 있었다"	1.6 北, 한반도평화대비한 중강조…"함동군사훈련 단해야"(노동신문)	1.9 미중, 무역전쟁 파국으 일단 피해…美中 "협상 잘 돼"	1.11 中인민일보 북중회담 대서특필…"한반도문제 정치적 해결" 강조	1.23 "재媒幕싱" 우리에 스웨덴 간 日북핵수석, 北 최선희 곧 만나	1.24 러 외무 "북미 협상 지지…관련국 접촉 통해 지원할 것"
1.10 [신년회견] 문대통령 "남북경협, 우리 경제에 활기가 성장동력"	1.8 김정은, 특별열차로 4차 방중…북미정상회담 전 최종 조율	1.14 美하원 외교위원장 "비핵화 실천 없다면 北美정상 만남 회의적"	1.16 中공룡블탬스 "한일 도입 스텔스기 F-35보다 젠-20이 우월"	1.28 北監정상회담 '회무' 개선 이쎄…한반도 협상에 변수될까	1.26 러시아, 北核 2차 정상회담 계획 '환영'…비건 美대표 방러 조정
1.15 국방백서 '북한은 적' 삭제…"변화된 환경 반영"vs"안보 우려"	1.10 북중 정상, 베이징 회담서 "2차 북미 정상회담 성과 기대"	1.16 "USTR 대표, 미중 무역협상 구조적 이슈 진전 없어"	1.22 美中 중국대사 "한반도 정치체제를 평화체제로 전환해야"	1.29 北통신, 日 '불법 선박한치' 의축제기에 "정세흐름 역행망동"	1.30 "볼타 北 외무성 대표단, 러 외무차관과 한반도 정세 논의"
1.18 서훈, 김영철 방미前 주말 워싱턴 방문…한미 정보라인 사전조율	1.13 주북 러 대사, 최선희 있다 면담…"김 위원장 방중 결과 협의"	1.16 美 국방정보국 "中, 일부 군사기술서 세계적 우위 점영"	1.25 美中 북핵대표 협의…"비핵화·관계개선·평화구축 의지 공유"	1.30 아베, 정율배상판결 韓정부 대응에 "매우 유감…의연히 대응"	1.30 WP "러, 北에 핵무기 포기 시 원전건설 제안…러시아이든 부인"
1.18 南北해쓰-北美정상회, 설득하에서…한반도 정세 논의	1.19 北김선화 訪美단, 스튼울름서 19일 회동할 듯…실무협상 착수	1.18 트럼프 '스티워즈' 미사일 방어전략…우주에 센서·요격무기	1.25 美白정 새해 첫 대면 해외 통의·中공군, 바시해협 관통비행		
1.20 文대통령, '북미 核담판' 디딤돌 주력…金 답방은 3~4월 유력	1.19 김영철, 고위급회담 오므 폼페이오 오찬…북미, 중일협상	1.22 WSJ "김영철, 방미 이를날 CIA부국장 비공개 회동"	1.28 美 시진핑 부부, 리수용과 北예술단 공연관람…무대 올라 격려도		
1.21 문대통령, 北美담판 앞		1.23 폼페이오 "2차정상회담, 또 하나의 이정표			

남한	북한	미국	중국	일본	기타
두고 역설에…북미 간 적극중재 예고	1.20 北노동신보 "南, 개성공단·금강산 재개에 우유부단…'눈치 보'볼 때 아냐"	될 것…실무협상지연"	1.29 美 거년했나…中, 괌 기지 타격할 수 있는 미사일 훈련 공개		
1.21 문정인"스톡홀름 북미 실무협상에 한국 참여는 놀라운 진전"	1.21 위싱턴 방문 김은영철, 베이징 1박 후 귀국…中측과 회담	1.23 NYT "트럼프, 韓에 방위비 압박 대신 북핵 긴밀공조 나서야"	1.30 해부유국회의 베이징서 개막…한반도 비핵화 논의 기능성		
1.23 김정화, 고노에 '초계기 근접비행' 유감표명…다보스서 한일회담	1.22 北에이비 "남북 교류협력 전면 확대 받전시켜야"	1.24 짐 로저스 "北개방 시 한반도, 20년간 가장 주목받는 나라"			
1.24 이종석 "北, 한미군사 훈련 재개 시 미사일발사 등 도발 가능성"	1.23 北노동신문, 美 방위비분담금 증액요구에 "간장원화 흐름에 배치"	1.27 CNN "한일 레이더 갈등, 쇠퇴하는 美 리더십 징후"			
1.25 개성공단 기업인 방북 또 무산…정부 "여건조성 때까지 유보"	1.24 北, 정부 정당단체 회의 개최…"남북교류 전면적 확대하자"	1.29 美 中때 위싱턴 무역협상 이틀 앞두고 화웨이 전격 기소			
1.27 레이다-위협비행 갈등 '장기화로 韓日군사교류 올스톱 조짐	1.24 피처 "북한에 베트남식 개혁이 최적…실험벤 경제대박"	1.29 미중 30~31일 위싱턴서 무역담판…트럼프, 류허 부총리 연담기로			
1.29 정부, 日강제징용 외교 협의 요청 응할지 "면밀 검토 중"	1.26 北 "개성공단 등 남북 협력사업, 美 눈치 봐서	1.29 美재무 "미중협상 중 대 진전 기대…화웨이 기소는 별개 문제"			
1.29 문재통령 "역사바로세		1.30 美DNI국장 "김정은 비핵화에 엷려있지만 核			

우기 잊지않겠다"...對日 원전대처 메시지 1.30 통일부 "테마플루 北간 달날째 최종 조율 중...유엔사와도 협의" 1.31 남북 오늘 도로협력 실무접촉...기술적 자료 교환	느 안 돼 1.28 北, 南 대테러·폭한기 훈련 비난..."군사훈련은 파국의 불씨" 1.31 트럼프 "무역협상 잘 진행...최종합의는 시진 핑과 조만간 만나야"	안전포기 안할 것 1.31 통일부 '주한미군 감축제안' 초읽나 받이..."2만2천명이하 불가"		
2.6 남북교류·'톱다운' 연계 정상외교로 한반도 정세 변화 이끄나	2.7 北, 이틀째 북미실무협상에도 모두 없어...참묵 일관	2.1 中양이 "중국, 북한 비핵화 견지...북미 정상화 담 성과 기대"	2.6 일본 지식인들 "日 반성·사죄 토대로 역사문제 풀이야"	2.3 푸틴, INF 탈퇴 '맞대응'...군비경쟁 우려 속 '6개월' 타협여지
2.6 전문가 '2차 북미정상회담, 구체적조치의 연계고리 만들어야"	2.8 "2차 북미회담 앞둔 北, 애마섬 고려캠피인...경제성과 부각"	2.5 주한대사 "한반도비핵화·평화체제 '쌍궤병행' 실현해야"	2.7 日外長 "미·北, 북미합의 유연해져...트럼프 정보 기능성"〈아사히(신문)〉	2.3 러 의회 대표단 3~4월 잇따라 방북..."양자·다자 협력방안도의"
2.9 이룸근 "2차 북미회담, 구체적 합의 기대...정부, 모든 지원할 것"	2.8 "김정은, 베트남 국빈방문 가능성 있고 그것이 더 적합해"	2.7 中, 북미정상회담 확정에 '중재역' 부각...실 'ICBM 반출' 역할론 나와	2.7 日外長 "中, 동중국해서 가스전 시굴 개시 가능성"〈산케이〉	2.4 EU+유럽 남미 12개국, 7일 '베네수엘라 사태' 첫 논의
2.9 문정인 "2차 북미회담서 로드맵 꼭 만들어야...北 실질행동으	2.9 북미 담판 앞둔 김정은, 重 경제건설 강조해 비핵화 의지시사	2.7 中전문가 "대북저제 하제는 미국 손에...北, 세 계획 내놔야"	2.7 "日정부 미군기지 소음 피해 배상액 1천500억원 대신 떠안아"	2.7 IOC 위원장 평창 1주년 기념성명 "새로운 지평이 열린 올림픽"
2.11 방미 문의장 "北비핵화	2.10 北·美 실무협상...北김혁철, 정	2.12 北한에 투자하고 실	2.7 日 동중국해서 中가스	2.9 EU 대외관계청 "브뤼셀

남한	북한	미국	중국	일본	기타
무분하게 남북관계 진전 시키려는 것 아냐"	상황담 D-10 즈음해 제3국서 2라운드	다" 짐 로저스, 다음 달 방북할 듯	2.8 트럼프-시진핑 이달 정상회담 불발에 미중무역 협상 난기류 우려	전 시금 추정 활동에 한의	서 활동하는 러중 첩보 요원 450명 달해
2.14 한미외교장관 오늘 런스서 회담…북미정상회담 준비 점검	2.15 북측이 먼저 제안한 유도드일임…6월 동해서 합동훈련	2.15 펜스 "EU가 이란 제재 깨라해" 직격…폴란드서 이란 놓고 신경전	2.12 중 리 북핵 수석대표 회동…"2차 북미정상회담 성과 기대	2.8 日언론 "운 대통령, '징용공 배상은 한기업 문제' 압박"〈요마우리〉	2.13 독일 연정 파트너 사민당, 미 핵우산 보호 전략 재검토 착수(WSJ)
2.14 韓日, 내일 독일서 외교장관회담…강제징용 판결 논의	2.17 노동신문, 김정은 비핵화 결단인가…"그르디 우스 매틀 돼め"	2.15 美 EU, 2차 북미정상회담 앞두고 한반도 비핵화문제 등 논의	2.14 中 왕이, 주중 북한대사와 회동…'한반도 비핵화' 강조	2.8 日외무성 "어라운 한일관계 속 인적교류 1천만 명 돌파 기뻐"	2.21 EU, 북한 인권문제 거듭 제기
2.15 남북, 3·1절 행사 등 논의…"남북 간 사업 차질 없도록 협력"	2.19 25일 전 북미 연락사무소설치 협상내막…"북한균 반대로 좌초"	2.16 트럼프의 북미정상회담 '낙관론'…중재역 결실기대 키우는 靑	2.24 북중 접경 단둥 주민들 "대북제재 풀려야 지역경제 산다"	2.9 日, 강제동원 판결 '제3국 포함 중재위 설치' 제안할 듯	2.22 러 "북미 정상회담 환영…이틀 동안에 문제해결 될 순 없어"
2.16 강경화, EU·프랑스와 회담…비핵화·평화정착 의견교환	2.22 남북 연락사무소장 회의…한반도 정세 논의	2.18 로이터 "미국, ICAO의 北 인권공 개선노력 차단"	2.27 중 리 외교장관, 한반도문제 협력 다짐	2.10 재폐페싱 우려하는 아베…"트럼프에 납치문제 중요성 알릴 것"	2.24 러 외무 "北美회의 다자회담서 최고조 띄어"
2.16 문의장문 어어 방미단, 北핵폐기 이구동성 제거주력…낙관론 설파	2.25 北개재, 비핵화 의지 앞세워 美의 훼이"〈메아리〉	2.21 하노이 회담 기대치 최저 수준, 미국인 73%가 북미해담 비관론	2.27 왕이 "中, 북미정상 북핵문제 해결 노력 높이 평가"	2.11 日아무상, 문화상 "일말, 위안부 시죄해야" 밤언에 "응조심해야"	2.25 EU·이란 첫 정상회의…'난민·태러문제 협의 논난항
2.18 문정인 "북핵 폐기는 北기술자본에 못해…北협력해 보상은 교수"	2.26 김정은 하노이 도착…역사적 2차 북미정상회담 일정 사실상 돌입	2.25 폼페이오 "김은 이적 핵협함…비핵화 시 안전보장 기까이 제공"	2.28 中, 북미 합의무산에 "양측 계속 대화해야…우리도 역할 할 것"	2.18 日국민 64% "징용공 문제, 아베 정부 대응 잘 한다"	2.25 러 외무 "美, 강경노선으로 북미 협상서 성과 못내"
2.19 민화협 "5월 평양서 간	2.27 북미관계 제자리 걸음…김정은 "굳마.이바	2.25 내일 미중 고서차관	우리도 역할 할 것"	2.19 "日정부 韓 레이더 사	2.27 미국 화에이 퇴출운동 난항…이번엔 중유우방이 '그랗니

재동원 피해 남북 공동토론회 개최"	노력' 토로	만…그라나 패권경쟁은 격화한다(이의희 자문기구)		선 독도 항행에 '수용불가' 입장 전달 〈산케이〉
2.25 "국민, 남북관계 2030년 우호국가→2050년 연방국가 선호예측"		2.26 트럼프 '2차 해담판' 하노이 향해 출발…"음청난 회담될 것"		2.20 日外무상, 문희상 의 정에 "한일의원연맹회장 역임한 인간이" 막말
2.27 문정인 "영변폐기 옌 제재완화 주고도 넘어… 개성 금강산 가능"		2.26 트럼프, 에어포스원 기내서 막판 '열공'…평 운 건 '1박2일'		2.22 日시마네현 '다케시마의 날' 행사…차관급 정부인사 7년째 파견
2.28 北美정상 핵담판 '체제이견'으로 결렬…한반도 정세 '시계제로'		2.28 北주요 외신 선보도… WP "트럼프의 외교적 실패"		2.26 日정부, 강경화 정관 外안부 발언 항의…"한일합의 지켜라"
		2.28 [하노이 담판] 北언론은 '트럼프 배신' 코언 청문회로 톱뉴스 상식		
3.1 文대통령 "북미대화 완 전타결 반드시 성사시켜낼 것"	3.3 김정은 "베트남 100 시간"…북미협상 승부수에도 반손 결말	3.5 볼턴은 언론 전면에… 폼페이오는 뒷與이오와 눈높으로	3.5 中 외교부, 한미 키리 졸브 독수리훈련 종료에 "높이 평가"	3.1 日정부 "文대통령, 한일 협력 중요성 언급한 것으로 인식"
3.1 文대통령 "한일전쟁 청 산, 너무 오래 미뤄둔 숙 제"	3.7 하노이담판 결렬 1주 일…北 강온메시지 속 한반도정세 갈림길	3.7 '곳앙·배드컵'…폼페이 오볼턴 '포스트 하노이' 역할분은?	3.12 中매체, 동창리 복구 움직임에 "北 전략적 오판 경계해야"	3.4 日 아베 "한일문제에서 일본이 진실을 말하고 있다" 주장

2.28 아시아 각국 언론 '북미 합의무산' 집중 보도

2.28 러 전문가들 "북미협상 결렬 실패로 단정 못해, 협상 계속될 것"

3.4 인판티노 FIFA 회장 방북 "2023 여자월드컵 공동 유치 가능"

3.4 "러시아 정교회 수장 조 만간 평양 방문…김정은 위원장이 초청"

남한	북한	미국	중국	일본	기타
3.3 키리졸브·독수리훈련, 역사 속으로…북미담판 결렬에도 종료결정	3.12 北, 신세대 사상이완 우려…"방치해서는 안 된다"	3.8 커지는 동창리 우려…포스트 하노이' 北美 기싸움 기들대나	3.14 中 외교부 대변인 "한반도 문제 관련로 함께 틀 세워야"	3.4 日 "징용소송 원고 강제집행 움직임에 적절히 대응할 것"	3.5 나토 총장, INF조약 이행중단 선언인 레 "INF 준수하라"
3.3 文대통령, NSC 주재하고 하노이 판문점 재구상	3.14 '안전한 비핵화' 강조하는 北, 정세 관리하며 이면판 재구성	3.10 트럼프, 방위비분담금 파상공세 예고…北美협상 상도 변수될 듯	3.15 리커챵 "미중 무역협상 담본 적 없어…공동이 이 이건다더 커"	3.6 中, 中 국방예산 증가 경계…"중대한 관심 갖고 동향 주시"	3.12 차이잉원, 시진핑 통일론 일축…"대만 미래는 우리가 결정"
3.4 베를린 관광박람회서 DMZ 한반도관광 홍보…국내로는 이례적	3.14 靑하는 조스 스트, 평양서 비공식 공연…외국 인으로는 이례적	3.10 로자스 "은 중국 국경과 맞물은 8천만 명 나라 존재할 것"	3.15 리커챵 "중국, 한반도 비핵화 시종 견지…인내하며 대화해야"	3.8 日, 양자외교에 외교보 결렬한 '2+2 체널' 활용	3.14 라·中, 모스크바서 외무차권 회담…김정은 방러 논의 주목
3.4 나경원 "文대통령의 영변 외 추가 핵시설 몰랐다면 외교대참사"	3.15 남북연락사무소 소장 회의 3주째 미개최…北인사 자리 비워	3.15 美 '빅딜' 엄포에 北 실용제카 카드 도 카세움 보격화	3.18 북미 냉기류에 고민 커진 시진핑, 4월 남북한 동시담방설 '솔솔'	3.11 이베 "한일, 신뢰 관계 만들 기야"	3.15 나토 총장 "나토, 화해이의 안보위협 우려 심각하게 간주"
3.5 조평통 "금강산관광 단계적 접근…개성기업인방북 불허 협의"	3.15 北 "美 흠담 걸은 기회 날렸다"…對US이실 험 재개할지 곧 결정	3.16 볼턴케 "최선희로 볼턴' 공격런' 폴라나…상호 언행 자제해야〈더 이플렌티〉	3.19 EU·中 "한반도 발전 위해 협력"…中외교부장, EU外사회 첫 참석	3.13 트럼프·시진핑 사이 이베 딜레마·豊중국 하자니 美 눈치보여	3.25 나토 "미군, 폴란드에 병참기지 건설 계획…무기탄약 보관"
3.10 靑남북정체 고폐…이세안 통해 국제사회 한반도 평화 지지도 확산	3.22 北, 연락사무소 철수했지만…판문점軍 체널 가동 중	3.18 트럼프, 北 최선희 회견 후 하루 무게…이 무 쓸리는 그의 '입'	3.21 시진핑, 하베드레 총장 만나 "교육 협력, 미중 관계에 중요"	3.13 日국방비 18%인 "남복 통일 될 것"…"북일 국교 정상화될 것" 9%뿐	3.28 EU "골란고원에 대한 이스라엘 주권 인정 안 해"
3.12 나경원 "한국당, 대북 특사 파견…굴정 없는 메시지 전달"	3.22 北, 개성 연락사무소서 철수vs南 "약구름"반도에 '먹구름	3.22 재제망 조인 美, 러시이 항하는 北…중단결정	3.28 중러 외교차관 협의…"북미, 대화 이어가길 회망"	3.14 日외방 '輪'에 실시합의 작성해 요구할 것	

3.12 문정인 "北, 미사일발사 협상 테이블로로 쓰면 상당한 악수"

3.19 한·러 북핵 수석대표 회동..."북미 회담 뒤 한반도 정세 협의"

3.20 독일 베를린서 추진된 南北美 등 '다자 1.5트랙' 연기

3.28 김현종, 러시아 방문하고 귀국..."김정은 방러 현안 논의한 듯

3.29 한미정상회담 4월중순 워싱턴 개최 유력...포스트 하노이' 논의

3.29 韓美 북러 연쇄정상회담 가시권...한반도정세 분수령 될 4월

3.30 한미외교장관회담...강경화 "한미, 대북정책 지향점 완전히 일치"

대사관, 美연락사무소용 공간 유지"

3.27 北 김정은, 하노이 회담 결렬 후 첫 軍행보 주목

3.27 베트남 관영방송서 남북 첫 동시생방...金광흥보 '선의의 경쟁'

3.28 北매체, '美 생화학 실험 의혹' 비난..."긴장완화 분위기 배치" 〈우리민족끼리〉

후 엇박자 심화

3.22 미국, 대중 억지위해 본토 육군사단병력 태평양에 추가 순환배치

3.23 트럼프 "대북 추가제재 철회 지시"...

3.23 中에 대만카드로 흔든 트럼프...차이잉원 해외순방마다 '美 경유'

3.28 美행정부 의회, '트윗 파문' 여전 속 대북압박 모처럼 한목소리

조선 회동... 포스트 하노 이' 대응 눈의

3.21 日, 美 NEC 본뜬 '국가경제회의' 추진..."외교경제정책 총괄"

3.22 日, 이번엔 '일본해' 홍보전...고지도 독일 중 정 이벤트

3.24 日외무상, 이인 이슈 현 부친 별세에 "정부와 국민 대표해 조의"

3.26 日 초등교과서에도 독도왜곡' 심화...한일교 류 기술은 축소

3.29 日 외무상 내달 방 중...시진핑 방일 논의할 듯

남한	북한	미국	중국	일본	기타
4.1 文 "남북미, 과거 돌이키기 언제날았아…함미 노력에 北 호응기대"	4.1 北고려항공 베이징~평양 노선 주3회~5회로 증편 단행	4.1 트럼프 "北, 제재로 이미 큰 고통… 현재로는 가세재 필요 없어"	4.2 중국 외교부 대변인, 文대통령 '북미 중재' 외교 제의에 "매우 눈길 평가"	4.1 하토야마, 5월 중의 새 일왕 '헌의 속 방안' 제안	4.5 러 차관 "북핵 협상 추동위해 인터리서 러중 공동행동 추진"
4.2 韓美국방 "9.19군사합의 이행지원공조…전작권 전환 긴밀 협력"	4.2 北(우리민족끼리), 한미훈련 비난…"북미성명·남북선언 이행에 찬물"	4.2 폼페이오 "제재가 비핵화시간표 앞당길 것… 달 내 3차회담 희망"	4.5 시진핑, 트럼프에 "중미 무역협상 조속 타결 희망"	4.1 韓日북핵수석대표 협의…"한반도비핵화 방안 논의"	4.6 WSJ "김정은, 스트롱맨 푸틴의 지원 추구하며 中의존 위험회피"
4.2 정경두, 전작권 전환 후 보완능력 지속 확충…"함미동맹 군건"	4.10 中기업 "주중 北대사관 조청받아 대북투자 논의" 밝혀	4.2 美국무부 "29일 한미외교장관회담서 北FVID 달성 노력 논의"	4.16 中싸게 "중국주년제, 국지흔으로 설립해 北코프라개발 참여했겨래〈중국경제망〉	4.2 日아우성 국장, 비건 美특별대표와 통화…"한 이 엄다 확인"	4.10 中·EU 정상회의서 北 대화 통한 평화적 해결 지지 천명
4.2 文대통령 "지구 최후 냉전지 한반도, 평화공간으로 도약기등"	4.11 김정은, 黨전원회의서 "제재로 굴복? 오해에 타격 줘야"	4.3 美국무부 "北굄비핵전 향한 모든 조치, 한미 간 긴밀 조율 통해 나가"	4.16 中中 거리 좁혔지만…화해에 배제 동동국제해 '신경전'	4.4 하토야마 전 日총리 北과 대화, 조금씩 전진 하는 게 중요"	4.10 "美, 대만에 최신 전차 이어 군사무기 판매 2건 승인"
4.3 국방당국 "北동창리 미사일 발사장 복구, 핵포심 관련지지 목격"	4.12 남북련락사무소 소장회의 7주째 불발…"北 불참 사전 통보"	4.3 백악관 이어 靑청참 한미동맹은 동북아안정과 안보의 린치핀"	4.17 김외철 "한반도 평화 위해 中과 협력…中대사 "韓 역할 확신"	4.4 日, 정용배상 추가 소송에 "정부 간 합의 위배"	4.11 駐러시아대표 "대만, 北군수협력이나 관련기술 구매한 적 없어"
4.4 문정인 "北중국게리 사찰 수용해야…첫걸음 떼면 美도 제재완화"	4.12 北, 제재 속 예산 48% 경제건설에 투입…과학기술투자 증대	4.4 브룩스 前사령관 "국제 경제개발펀드로 北 비핵화 이끌어야"	4.17 中싸게, 폼페이오 '中 남미정책' 비판에 "어리서은 짓 말아야"〈인민일보〉	4.5 日국민 37.5% "이베 외교, 나쁜 방향 진행 중"…한일관계 악화 영향	4.11 교황, 교황청 첫년 기문에 "한반도 평화밧지지…대화 지속 증요"
4.4 이도훈 '北미대화서 조기 수확' 증요…제재만으로 해결 못해"	4.12 北 '대미핵심' 최선희, 제1부상 검복 승진…전선 시대 활짝	4.4 던패트, 조정된 한미 연합훈련 "적정수준 준비태세 유지화신"	4.19 중국, 일대일로 포럼 25~27일 개최…푸틴 등	4.7 日새연호 발표와 아베 '일 人가 관방, 차기 총리 후보 '부상'	4.12 푸틴, 국무위원장 제측 김정은에 축전…"한 관계발전 주력해
				4.8 아베, 韓내 징용소송 위	

		37개국 정상 참석	보고	
4.5 문정인 취임계층에 인도적 긴급 영양 지원 필요"	4.4 美사령관 "北 ICBM 생산·배치 임박...美본토 공격용 거의 분명"	4.20 中, 해군 70주년 사글기 마서 관함식, 10여 개국 군함 참가	4.11 日언론 "北서 하노이 회담 협상 담당자들 조사...경질 등 은 없어"	4.16 미국 독무부, 나드씨 F-16 훈련 유지 프로그램 판매 승인
4.8 정의용 주중대사 "한반도 문제 해결 위해 중국과 전략적 소통"	4.5 해리스 주한 美 대사 "2차 북미 정상회담 실패 아냐"	4.21 中매체 "김정은, 미국의 대북 재제에 러 도움 문해"〈신화통신〉	4.12 日 후쿠시마 수산물 수입 금지 유지한다...WTO 분쟁서 예상 깬 승소	4.18 유엔사 "남북군사협의 성공적 이행 지원이 최우선 과제"
4.8 개성공단협회, '개성공단 재제면제, '민족 경제 위험서 美대사면에 전달	4.6 美국무부, 개성공단 제재면제 조스에 "제재 이행해야"	4.27 中매체 "북러 정상회담, 한반도 다자대화 체계 구축 도움"〈신화통신〉	4.14 日언론 "아베, G20서 한일정상회담 추진 안 해...빈손대화 무의미"	4.19 국제탁구연맹 회장 "도쿄올림픽서 남북한 혼합복 시 단일팀 목표"
4.12 문재인 "대북모멘텀 유지(3차 북미회담 희망심는 계 중요"	4.7 트럼프 "김정은과 이주 좋은 관계 유지...올바른 합의 있어야"	4.30 IMF총재 "미중 무역 합의해도 중국 '현대세계' 진입 멈었다"	4.17 日매당, 'WTO 패소' 정부 질책...'외교의 패배...책임 무거워'	4.25 WSJ "김정은, 푸틴에 북러무대 북한 경제지원 요청할 듯"
4.12 문재인"조언간 남북회담 추진" 트럼프'北정상회담 조속 일겠다라"	4.14 트럼프, 김정은 만남 시사'...암네와 지금 피하고 대화기조 유지		4.22 日 '화'거레이더 발사' 고집에 韓 '군사조치' 가능성거론 '비화'	4.25 푸틴 "러, 한반도 긴장 완화 협력...정치·외교적 해결 진전 노력"
4.15 문의장 "美 기뢰나 日 외교 우리의 100배...의원 외교 활성화해야"	4.22 짐 로저스 "북미회담 진전 없다고 흔들리지 마라...큰 변화"		4.23 '한일관계 악화' 담은 일본 2019년판 외교청서	4.25 푸틴 "비핵화위해 北체제안전보장해야..金, 입장전달 요청"
4.15 文대통령, 남북회담 추진공식화...'구체화·설정적' 核공식지동	4.24 홍석원의원 "북러정상, 비핵화 집중하임...제재안 안 돼"		4.23 日, 후쿠시마 수산물 수입제재 요청...韓 측에 "WTO 판정 존중해야"	4.25 푸틴 "남북디 협력 韓이 부함"...'한국도 당사자' 공개호출
	4.25 金 "북러친선 강화 임			

209

남한	북한	미국	중국	일본	기타
4.18 "정부, 아프리카돼지열 병 대북 협력 개발이행에 관 련 연주 강세"	張 "푸틴 '핵 평화적 해결 이 유일하다'"	4.25 폼페이오 "한반도 패 러다임 전환 기회…金 전 략적 결정에 달려"		4.24 韓日北核수석대표, 북 러정상회담 앞두고 전화 협의…"상황 공유"	4.29 러 크렘린궁 "北, 러 역내 문제…美 주변지역 넘어선 것"
4.18 靑 NSC 상임위…"4차 남북회담 통해 비핵화 진 전방안 논의"	4.26 北대외경제성 "백년 앞난 제제해도 신장 안 써…美 방시 비꺼야"	4.25 미 국방 副장관 "한국 에 확장억제 제공 의지 분명"		4.25 아베-이탈리아 총리 "북핵-미사일 전면 폐기에 협력"	
4.22 "북핵 눈이 둠지" 충독 서 '통일 트레터' 출정식	4.27 北조평통, 판문점선언 1주년에 '北美남'비판하 며 '선언 철저이행' 촉구	4.25 美연구一 "푸틴, 美의 북핵 영향력 행사 뚜렷한 신호 보내"		4.26 日 관방장관, 6자회담 의향 문자 "한미일 긴밀 히 연대하겠다"	
4.25 한미 국방부 "전작권 전환 상당진전…군사협의, 긴장완화 기여"	4.27 北 조선신보 "푸틴 北美 대북 상응조건…'비핵화조치' 필요성 부각"	4.27 트럼프 "러시아와 중 국, 북핵 문제 돕고 있어 고맙게 생각"		4.26 日 교도 "한국 정부, 6월 G20서 한일정상회 담 타진"	
4.25 文대통령 "북러회담… 북 비핵재개 마가름되길…6월 한러회담 희망"	4.29 北 매우대변 명 中주인에 체포돼 북 송 위기"	4.29 美협상 올해 들어 4 번째 대민해협 통과…中 반발할 듯			
4.26 文대통령 "평화경제시 대 준비…금강산관광 조속 재개 노력"					
5.1 문의장, '퇴위' 아키히토 일왕에 축전 "한국 이름 함께해 감사"	5.2 北амери이 南, 관계개선 바리면 우리 입장에 보 조 맞추어야《우리민족끼 리》	5.5 매케스터 前 美NSC 보좌관 "北 해포유, 한미 동맹 파괴가 목적"	5.2 반기문 "시진핑, 미세먼 지 심각하게 생각…한국 상황도 잘 알아"	5.2 日관방 부장관, 일왕 즉위 전문기업 자신에 각 신청에 "유감"	5.6 국정원 "러시아, '단계적 核폐기' 북한 입장 이해"
5.1 김여철 "지지체 넘보고		5.5 트럼프			5.7 푸리대사 "푸틴, 김정은

류 체제까지 지원...공동협 력도 활성화"	5.3 남북연락사무소 소장회 의 10주째 불발...北일시 소장대리 근무	에 맞서는 암시적 군사행보 견제	주기 분석에 내비 줄인 〈신과미〉	에 계속 소통 더 계속 소통	외
5.1 강경화 "韓美지향점 北 완전한 비핵화" 동일...나 는 방법 일당"	5.4 北, 데미빌블 수위 높 여가나...구두경고 이어 군사행동까지	5.6 '단거리' 부각, '미사일' 표현 안 쓴 홈페이 오...대화 의지 강조	5.6 中 전문가 "北 화력훈 련, 북미협상 교착에 따 른 초조함 표출"	5.5 日, 北열사체에 이례적 '비난자' 제...김정은·아베 회담성사 노려	5.10 러 외무 "평화조약 체 결 문제 러 일 입장차 아 주 커"
5.2 통일부 "현 단계선 당국 차원 對北 식량지원 구체 적 검토 없어"	5.5 北·에버, 美 사드훈련 정 中 협상쉬스 中...강대강 대치	5.6 트럼프 "추가관세" vs 中 협상쉬스 中...강대강 대치	5.7 문의장, 뿌리깊수 민... 한반도 평화보다 엔종해 중지 방문	5.5 교도 "김정은, 2월 북 미 정상회담서 납치문제에 언급" 일본인	5.11 NPT 70개국 "北, 도 발중단하고 비핵화 대화 지속하길"
5.3 통일부 "北 식량상황 등 포괄적 우려...국제사회와 긴밀 협의"	5.6 北, '신형 전술유도무기' 발사 후 '과학기술전 총력' 독려	5.6 트럼프 對중 2천억 불 관세 10%~25% 인상할 것...협상 너무 느려"	5.9 시진핑, 미중갈등 악화 속에 미시 수습 총리...공 안 역할 강조	5.6 日외무상 '納정부 대응 에 日기업 손해 발생 시 신속 대응조치'	5.14 美주 유럽, 이란 문제 불 협의음...英 "우발적 충돌 우려" 경고
5.4 정부 외교안보부처 '北 발사체에 기민 대응 속' 신중모드"	5.7 北조선중앙통신, 연일 한미연합훈련 비난... 남성인 배신행위"	5.6 "美국들, 남중국해 향해..."中 무역갈등 속 장 외 신경전 양상	5.10 미중 무역전쟁 이어 군사갈등...中, 美국방부 보고서 엄중 항의	5.7 아베, 트럼프와 통화 "北 대응 인식 공유"	5.15 미·러 외교수장 소치서 회담...한반도 이란 등 현 안 논의
5.7 朝한반도체제 서수익지 対대통령..."서트로지 고 나지도 않고"	5.9 조선신보 "비핵화 협상 기화 상실되면 해딜캡... 재발될 수도"	5.7 美의회 '대북제재 강화' 드라이브...제재화... 트럼프, 트윗 외교 '안 돼'	5.10 中 정부 부주석, '북 중러 점강 존중 방문...해상경제합작구 논의	5.7 "日정부, 北 정상회담 조기 실현 위해 타진 방 침"	5.15 미러외상회담, 미 "FFVD까지 제재 유지" vs 러 "인전보장"...北 비핵화 간극
5.7 홍영표 "한미 정상, 北 포함한 인도영매체, 일제히 대미 포문...중국전진 못 막아"	5.10 北, 외국인 관광객들 전급안내 설립...지재 속 외화 획득 노력	5.8 바위란 北 정상, 北 FFVD 답 최건정상화 및 성명안 논의	5.13 中관영매체, 일제히 대미 포문...인민일보 "중국전진 못 막아"	5.7 NHK "비건 美특별대 표, 北·日관계에 발치는 조정실 표출"	5.17 美외무 동북아국장 최 근 방북...北外무성 관 계자 등 만나
5.7 홍영표 北에 식량지원 포함한 인도적 지원 적극 검토해야" 5.7 김연철, 내일 개성 남북		5.8 비건, 하노이 결렬 뒤	5.15 미중 갈등 속 시진핑,		5.21 러, 북·러 통령 기속

남한	북한	미국	중국	일본	기타
연락사무소 검색 방문... 취임 후 첫 방북	5.11 北, 美대북인권선생 이래적 맹비난..."제도전복 획책"	오늘 첫 방문...대북 식량지원 협의 예상	弔문가들에 "국제정세... 함께 대응하자"	5.9 교도 "美 4일 北발사 발사체 '단도미사일' 건해 日에 전달"	화..."북극해 연안 세 군 사도시 올해 완공"
5.7 한미정상 '비핵화' 대응 공조...비핵화 '대화' 동력 유지 집중	5.13 北, 대남압박 고삐... 외세 눈치만 보면 남북 관계 전진 못해"	5.8 트럼프, '식량지원' 지지로 다시 北에 손짓	5.22 中정상가든 "美무역협상, 아편전쟁 연상시 켜...신뢰 회복 중요"	5.17 일본 前협력합의요청 "2017년 한반도 대응검토"	5.23 방북 러 인사, "北, 美 韓 누구와도 안 만나기로 결정...먼저 태도변화 주장"
5.9 정세현 "신한반도체제는 100년 목표...장기적 안목으로 추진해야"	5.14 北 "美 선박압류는 6.12성명 정신 부정... 즉각 송환해야"	5.9 美바악관 "대북 최대압박 계속...韓 인도적 식량지원 개입 안할 것"	5.24 중국, 美 겨냥 첨단 군사기술 과시...스텔스기 잡는 레이더 공개	5.20 日정부, 강제징용 배상 판결 관련 한국에 중 재위 개최 요청	5.23 모디 印 총리, 재집권 사상 확정...총선 개표 서 승리 선언
5.10 정부, 대북 식량지원 필요성 재확인...어른 수급 해야 속도조절"	5.16 "北남포항 활발...美의 화물선 압류 후에도 대 형선박 왕래"	5.10 트럼프 '北 미사일 발사, 아무도 행복지 않아...매우 심각히 주시"	5.28 中 미중 갈등 속 시진핑 "더 높은 수준 대외 개 방에 힘쓸 것"	5.28 0배 면전서 '민도-장 거리' 없다는 트럼프... 솔딤레마 산화관리	5.24 IMF "대중관세, 뀻기 업이 대부분 부담...美주 는 미중 소비자"
5.13 김연철, WFP 사무총 장 만나 "인도주의 정치 분리 입장에 공감"	5.20 北노동신문, 자주노선 강조..."제재 풀리기만 기다리는 것 어리석어"	5.10 美, 北선박압류 화물 선 압류..."제재 위반" 北 선박 압류 첫 조치	5.30 中 미중 무역전쟁 속 전망 "개혁 심화로 경제 사회 발전 이루자"	5.28 日언론 "싱가포르 한 일 국방장관회담 보류... 한미일 회담은 열러" 〈오마이뉴〉	5.26 쿠바서변, 北리수용에 "북성한 정세...양국 긴밀 히 연대해야"
5.21 文대통령 "한미, 北핵 사체 대응 벗나...절제로 대화모멘텀 유지"	5.20 北리수용 방북, 쿠바 방문 北...지난해 이어 '친밀관계' 유지	5.10 WP "트럼프·김정은, 북미협상 과정에서 내부 강경파와 다툼 중"	5.31 中 미중 무역전쟁으로 국가들, 베트남 전출 못 물	5.31 日여당, 선거 공약서 도 北에 '러브콜'...'얼핵 최대빵' 안 넣기로	5.27 방북 러 전문가 "北, 모욕당했다 생각...美核실험 뷔짜면 대화원돼"
5.28 문의장 "러시아, 北 정 상가스 길 가도록 설득해 주길 기대"	5.23 南北 민간교류 실무접 촉 전면 취소..."北, 인력 철수 통보"	5.15 폼페이오, 푸틴 만나 뒤 "북한문제에 같은 목 표 공감"			5.30 WFP 한국사무소장 "韓정부 대북 공여, 기장 화인게초에 시요"
5.30 한미일 북핵...		5.20 ... "중국과 ..."			

남한	북한	미국	중국	일본	기타
6.1 한종 국방장관 "전략적 소통 강화…국방교류 정상화 모색"	6.1 조선신보 "美, 北구량사항 해소할 용의 행동으로 보여야"	6.1 美 "남중국해 군사기지 화 지나쳐"…中 "중국평 과소평가 말라"	6.2 中국부부장 "남중국해 대만에 대한 미국 강력 반대"	6.1 日평화상, 대북 감시강 화 관련 "한중러에 협중 연대 호소"	6.5 푸틴, 방러 시진핑과 정 상회담…"러-中, 한반도 정세 평가 일치"
6.1 한미일 "북핵 외교적 해결 한목소리…군사적 위협엔 '안도'로도자"	6.3 北김영철 군사서상 장·건재확인…김정은 위 원장과 관람	6.2 美국방대행, 중단뒤 한 미훈련 재개 질문에 "잘 요하다 생각 안 해"	6.3 中, '미국 유한 경제평' 발효…무역전쟁 교묘제 로 확신	6.7 日, 몽골서 北초축 불 발…"내달 아세안행사서 북일협의 목표"	6.8 푸틴 "北, 러바오 운영 반보 원치 않아, 인정보 장 검토해야"
6.2 韓軍 日 국방 "비핵화 외교 노력 긴밀 협력…유엔 결의 철저 이행"	6.4 北리무선, 6:12성명 1주년 담화…"美, 셈법 바꾸고 나와야"	6.3 美인정의화사 '北한표 럼' 열린다·비핵화 인도 적지원 등 논의	6.4 中 외교당국자 "미중 무역갈등 속 한·미, 일바를 판단해야"	6.12 日인방 "한반도 비핵 화 이행 중요…북미 프 로세스 주시"	6.8 핀란드 니나스퇴 "요청 있으면 트럼프·김정은 3 차회담 주선 의향 있어"
6.3 文대통령 "대화 통한 비핵화·평화구축에 한미동맹 가장 중요"	6.5 北노동신문, 한미 대북 공조 제재 비난…"외세 의존병 얻어 버려야"	6.3 폼페이오, 北 단가리마사일 "야미도 유엔결의 위반"	6.5 中궈 "6·12 북미 공동 성명은 역사의 흐름에 부합"	6.17 日인론, 시진핑 방북 예정 신속보도…"핵 대 응 경제 논의될 듯 〈교도통신〉	6.13 푸틴 "미중 무역전쟁에 러 개입할 이유 없어… G20서 해결책 기대"
6.3 文대통령, 오늘 美 새너핸 국방대행 접견…북 해법 논의	6.5 北, 美국제무 볼렁달킹가 평가절하 비난…"고도의 가성 갖고 주시"	6.4 美국방부 "한고, 유엔결의 FFVD까지 이행 지지에 감사"	6.7 리커창 "中 동북지역에 둑위 개방형을 조성해야"	6.18 日인론 "시진핑 방북, 대북 영향력 과시하며 트럼프 견제 카드" 〈아사신문〉	6.15 푸틴 "한반도문제 평화 적 해결의 대안 없어…긴 장 완화 지원해야"
6.3 이총리 "北 돼지열병 빼 근해 남한땅 흙…최고 수준 방역태 세 기동"	6.8 '北대사관 승격' 크리스 토퍼 안 변호인 "추방 시 北보복 위협"	6.4 美무무차관 "北 불법 환적율, 주인 아닌 책·미 사업로 들어가"	6.16 中 미중 갈등 속 시진핑 "아시아 안보 공동 대처 해야"	6.24 日인론 "베트남 정부 최근 北에 쌀 5천 지원" 〈마이니치신문〉	6.18 EU, 이란의 '핵합의 일부 파기' 확인에 대응 자제
6.4 8일 '韓대장 사령관·美 대장 무사령관' 체제로 연습 연	6.8 北 리룡남 부총리, 나 이지리아 방문길 베이징 경유	6.6 폼페이오 "비핵화 않으 면 제재완화 없어…기까 이 대화할 것"	6.17 시진핑, 20~21일 북 한 국빈방문…中최고 지 도자로는 14년만	6.25 日, 유도계산수수권	6.18 대만 외교부장 "홍콩 사태는 中 독재주의 확장 때문"

6.7 北 "남과 접촉 계속 시도…조선신소라기 낙관적 결과 예상"	6.9 北, 원산 해변리조트 완공 총력전…"노동자, 24시간 교대근무"	6.17 미중 갈등 정점에 선 시진핑, 그 끝에 '방북 카드' 승부수	노크네의 심야 北선언문 남북 해임?으로	6.21 유엔 무대판 "대북 식량지원" 현안…北인권은 여전히 심각"
6.11 외교부, 미중갈등 전담 '전략조정지원반' 이르면 주내 출범	6.11 北에 美회사 부음 전달…통일정관 "다양한 가능성 준비"	6.20 中환구시보 "북코관계는 전략적 자산…기도화] 해석 금리"	6.26 日, 美 눈치 보며 G20공동성명에 '반도체 무역·지구온난화' 제외	6.23 美中 갈등 고조에 동남아 국가들, 자제와 평화적 해결 촉구
6.12 개성공단 기업인들, 美의화서 설명회…'공단 재가동 필요" 설득	6.11 北·中外交총리 기업서 회…'경제실리·기업책임 관리체 강조	6.21 시진핑 "한반도 문제 정치적 해결은 대세…지속적 대화 필요"	6.30 "트럼프, DMZ 갔다 선수보도… 정규뉴스 중단 생중계	6.25 마크롱 "G20서 트럼프와 이란 위기 해법 논의할 것"
6.12 文대통령 "북미정상 조기에 만나야…길어지면 엽정 식을 수도"	6.12 北, 목미공동성명 1주년 맞아 "하노이 파탄 책임 미국에"	6.21 中전문가 "北, 임대일로 큰 관심…北 열리면 많은 국가에 혜택"	6.30 (남북미 판문점 회동) "日, 협상재개 기대…美에서 사전 귀띔 못 받아"	6.26 인나·인도, 미중 분쟁을 기회로…"中서 나오는 기업 유치전"
6.14 文대통령 "北 평화는 체 아닌 대화로…서로의 체제 보장해야"	6.12 北, 퇴거명령 발병 시 실상 첫 공개…"전국서 전파차단방역 중"	6.25 미중 정상회동 앞둔 中, 우군포섭 가속…이프리카에 러브콜	6.30 (남북미 판문점 회동) 日아베 "내가 김정은 직접 만나 납치문제 해결"	6.26 나토 국방장관회의, 이란사태 배기 않은 INF 대책 등 현안 논의
6.18 이도훈 "北核 여러가지 접촉…대화동력 살리는 방향 가고 있어"	6.12 北김정은, 김여정 통해 '촌内사 조의' 전달…北 봉행정부 '분열'	6.26 中, 북미 3차 정상회담 논의에 "북미대화 이어지길 희망"	6.30 (남북미 판문점 회동) 日외무상 "환영하고 지지…북미 협상지개에 큰 계기"	6.29 푸틴, "김정은, 비핵화 상응조치 필요…대북 안전보장이 핵심"
6.21 '정부만 알고 국민은 모르고…'北核서 남하에 위기관리는 없었다	6.20 北김정은 "인내심 유지할 것…한반도 문제해결 성과 원해	6.27 시진핑, "김정은, 비핵화 의지 변함없다…대화통해 문제 풀고 싶다		6.30 (남북미 판문점 회동) 교황 "평화 진전…주인공들에게 경의"

215

남한	북한	미국	중국	일본	기타
6.24 국내산 쌀 5만t 매복지원 행정절차 착수…금주 내 마무리 추진	6.23 北 '트럼프 친서'에 김정은 만족 공개…협상 국면 본격 검토하나	목	고 해"		6.30 (남북미 판문점 회동) 러 매체, '판문점 회동' 긴박한 전개 숨가쁘게 타전
6.25 文대통령, G20서 '평화경제시대' 화두…'신경제'로 核교교정	6.26 北, 국정름 사용 강조…"수입을 남에게 예속되는 길"	6.21 "트럼프, 드론 격추에 對이란 보복공격 승인했다 돌연 철회"	6.29 中왕양, 北조국전선 의장에 "고위층 정치소통 강화하자"		
6.26 文대통령 "북의 3차정상회담단에 관한 대화 이뤄지고 있다"	6.26 北, 폼페이오 비난…"수뇌 예에도 反정실무자로 비핵화 어려워"	6.25 美, 트럼프 방북 중 "김정은 만날 계획 없다 …DMZ 방문은 열어놔"	6.30 中매체, G20 성과 극찬 "디자주의·개방형 경제 지지 이끌어내"〈인민일보〉		
6.27 文대통령, 시진핑과 러시아서 연쇄회담…평화 프로세스 재가동	6.27 北이비, 文대통령 비난…유럽 순방결어 비난…南, 체면 느낌 당사자"	6.27 트럼프 "이번에 김정은 안 만날 것…다른 방식으로 얘기할지도"	6.30 (남북미 판문점 회동) 中매체들 긴급타전…"역사상 처음"		
6.27 김연철 "금강산관광 개성공단, 제재완화 초과국면서 고려 가능"	6.27 北외무성, 美에 대한 한 요구하며 남측엔 "참견 말라"	6.29 트럼프, 김정은에 DMZ 만나 인사할 수 있을 것"			
6.27 文대통령 "비핵화 역할에 감사" 시진핑 "한반도 평화 기여할 것"	6.28 北매체, 한미군사훈련 비난…"남북관계 개선 기회 될 것"〈조선중앙통신〉	6.29 트럼프 "어젯밤 시 주석 비공식적으로 만나 많은 것 이뤄"			
6.29 韓中 정상회담, 한반도 정세 논의…북미대화 조속재개 공감	6.29 北초선협 "문단선서 성사되면 북미수뇌상봉 …	6.29 미중 무역협상 재개 합의…"추가 관세 부과 잠정 중단"			
		6.30 트럼프 "김정은 매우 … 순조였어야…DMZ 회…			

6.30 靑 "남북미 정상 만남 은 또 하나의 역사…북미 협상 탄력 기대"	이미 있는 제기"	경도 문제없어"			
	6.30 北, 북미정상회동 보 도…"美와 대화재개 합 의…회담결과 만족"	6.30 트럼프 "북미관계 발 전, 큰 의미…김정은과 의 시간 기뻐"			7.2 유엔 사무총장, 트럼프· 김정은 회동에 "비핵화 노력 전폭지지"
		6.30 트럼프 '폼페이오 주 도로 2~3주내 실무팀 구성해 북미 협상"			7.8 베트남, 美 수출길 막힌 중국 자기제품 대응 유리
		6.30 北조선중앙통신, 판문 점 회동 보도…"北美, 생 산적 대화 재개 합의"			7.9 EU·英佛獨 "이란, 핵 합의 완전하게 이행해야" 촉구
7.1 성윤모 산업장관 "日 수 출규제에 깊은 유감… 출자센터 WTO제소 등 따름	7.1 北매체, 판문점 남북미 회동 이틀째 '자력 자주 의 길' 강조<조선일 오 등>	7.1 NYT "美행정부 내 북 핵 동결로 나아가…비건 "완전한 축소"	7.1 中매체들, 남북미 정상 판문점 회동에 "매우 좋 은 일"	7.1 日언론들 '트럼프 월경' 정치쇼 폄하…"비핵화 진전이 중요"	7.10 대만 차이잉원, 美 M1A2T 전차 판매에 감
7.1 靑 "북미[회]담 내용 전달 받았다…北가 강경화 장 관에 상세 브리핑"		7.2 美국무 北 목표는 FFVD…새로운 제안 인 해 준비 안 돼	7.1 中정부, 남북미 판문점 회동에 "적극적 성과 거 뒤…환영할 일"	7.1 日 '트럼프에 경의'…한 반도 완전한 비핵화가 중요	
7.2 文대통령 "서명 없었지 만 행동으로 전쟁종식 평화 시대 시작선언"	7.2 北, 日 미사일 요격강 화 계획에 "독보 위한 평화 위악설공"	7.2 NYT "트럼프 행정부 관료들, 대북 협상 접근 법 놓고 분열"	7.2 "시진핑, 트럼프에 '적 절한 시기 대북제재 완 화 필요요' 언급"	7.2 日아베, 한국 상대 경 제보복 조치에 "WTO 규칙에 맞다" 주장	
7.2 정부, 국산쌀 대북지원 위해 금명간 WFP와 협	7.4 北정상 "한미 정상 대북 협동동맹 재촉인…대북	7.3 美국무 "한미 정상 철통동맹 재확인…대북	7.4 中전문가들, 日무역보 복 비판…"무역제재, 한	7.2 日언론 "아베, 남북미 판문점 회동으로 대북	

남한	북한	미국	중국	일본	기타
악…이란 출항 목표	복미대화 추진 '유의하 고 있다' 말해	긴밀조율 지속"	일같등 악화될 뿐"	장 밖'에 놓여	사 표명
7.3 강경화 "日 수출규제, 불합리하고 상식 반하는 보복조치"	7.5 北매체, 南당국에 "공동 선언 이행 용단 내려야"…비난은 자제	7.3 비건 '北WMD 완전동 결 원해…재재해제 대신 인도지원 관계개선"	7.7 中매체 "아베는 트럼프 처럼 변해…반도체로 한 국 역박" 비난〈관찰자망〉	7.3 日전문가 "청와대·총리 관저 주도 외교로 볼 통…정상가기 만나야"	7.10 터키, EU 주변국 변발 에도 동지중해 가스 시추 강행키로
7.4 외교1차관 "美中 경쟁 격화하면 北美 협상에도 영향"	7.8 北매체, '日 수출규제'비 난…'우민무치한 망동' 〈통일신문〉	7.3 김정은, 북미정상 판문 점 만나 직후 文대통령 에 "고맙다" 전해	7.8 中학자 "미중 '경제분리' 현실화 가능성 커져"	7.6 日언론 '트럼프 '영변+ α' 요구…김정은 '단계적 비핵화' 주장 〈요미우 리〉	7.10 이란, 佛 '핵함의 특사 '에 '우리만 지키는 기간 은 끝났다'
7.4 미중갈등 대응 논의 인 고 외교전략조정회의 내 일 출범	7.10 北매체 "南이 간 진 정한 신뢰 있으면 성사 못할 사변도 가능"	7.4 美, 유엔회원국에 "北 의 석유 밀수 중단…北 제대행위 비난	7.8 中전문가 "北비핵화 단 계적 접근 필요…저재 완화 고려해야"	7.8 日언론 대對사 "수출규제, 양국 신뢰 관계 무너졌 기 때문"	7.16 EU, '위기'의 이런 핵 합의 대처 논의…'핵협의 이직 살아 있어'
7.4 NSC상임위 "日수출규 제, WTO규범·국제법 위 반 정치보복"	7.11 北외무성, 南스텝슬기 도밀 비난…'北산은계 기대될 것 없다'	7.5 WP칼럼니스트 "대북 스몰딜이 유일한 외교 적 길"	7.9 中 "중미, 무기디데스 함정 피할 지혜 있어… 협의이 끌바른 길"	7.10 요미우리, "김정은, 시진핑에 '제재 해제보 다 체재 보장이 중요"	7.16 호주, 미중 무역전쟁 수혜자…철광석·석탄값 급등
7.8 홍남기 "日수출규제 철 회해야…세계경제에 부정적 영향우려"	7.12 조선신보 "北, 미국이 신뢰조치하면 상응한 선 의조치할 준비"	7.6 바이든, 아무것 도 안 한 김정은에 합법 성 줬다"	7.10 추궈홍 "판문점 회동, 한반도 정세에 이주 긍 정적 변화 가져와"	7.12 美 스틸웰 "함의 간장 도움 안 돼…균열 만 있기 할 필요 없어" 〈NHK〉	7.17 유엔 주재 러 대사 "인 보리 대북 제재 조언간 해제될 전망 없어"
7.9 천안교 "최인국씨 월 북 우려…北정부당 위안장 활동 예상"	7.13 北 南식 대화해도 결 돌 개 없다…美와 직점 해야 활씬 생산적"	7.9 트럼프, 또 인도 비 판…''對美대비 오래 해 거, 다는 응담 안 돼"	7.14 미중, '대만 카드'놀 고 갈등 재검화…무역협 상 참가되	7.17 미 전문가 "아베 무역 규제는 자살도, 국제무	7.18 이란 외상 "이란, 북미 협상 진행경과 주시…트 럼프 행보 본격기"
7.14 김현종 "日조치, 한미일 임혈태해순 흥기문테리우 공	7.13 北노동당 기관지 "美	7.9 美국무부, 對이란 무기 등 2조6억위 위대 무기	7.15 中, 對美 무기판매 美 군수업체에 부동금공급 제 가능성 제기		7.20 EU, 이란의 英 유조선

러…美와 공조

- 7.15 文대통령 "대북제의 반 외쿡 제기, 우리 정부에 중대한 도전"
- 7.16 통일부 "서호 차관, 北 문제 논의 日당국자 면담…나머진 '협구'"
- 7.16 국정원 "北김수 화물선 세 척 日 항구 입항…日 미흡조 미온조치"
- 7.18 NSC 상임위 개최…"日 수출규제 중단·외교적 해결 호응 촉구"
- 7.18 文대통령-여야 5당대표 "日보복 즉시 철회…비상 협력기구 설치"
- 7.23 대북 쌀 지원, 이달 중 첫 출항 불투명…"기능에 부 단정 힘들어"
- 7.23 중러 군용기 침범…與 野 "안보에 '신중한 접근'"

동호설도 "자력갱생으로 살길" 강조

- 7.14 北에게 "북미협상 따 라 남북관계 추진" 메시 도, 실용스러워〈우리민 족끼리〉
- 7.16 北, 연일 美에 美 눈 치보기 중단 요구…"북 남관게에 벽쌓무아"
- 7.16 北외무성, 한미연합훈 련 비단…"판문점 합의 한 달도 못채 깼"
- 7.18 北 日, 식민지배 시 죄·배상 겨냥 전안부당 경제보복"
- 7.23 北, 한미군사연습에 협상 미루고 새 접수함 공개…압박 나서나
- 7.23 北김정은, 판문점 회 동후 첫 군사행보…새로 건조한 접수함 시찰

판매 승인

- 7.10 美국무부 "北 대량살 상무기 완전한 제거원 해…동결은 입구"
- 7.10 美국무부, 트럼프-김 정은 판문점 회동에 "정 상적일 아냐"
- 7.11 트럼프, 프랑스 디지 털세에 관세보복 추진… USTR 불공정성 조사
- 7.12 美합참의장 지명자 "北 대비 F-35 연계 미 사일 방어체게 개발"
- 7.12 헤리스 美대사 "지금 은 미국이 한일관게 중 재할때임 아냐"
- 7.20 폼페이오 "한미훈련, 트럼프가 김정은에 약속 한대로 하고 있어"
- 7.20 美태평양사령관 "北, 핵무기·장거리미사일 개

인민보, 지에양원

- 7.15 인민보, 지에양원 뉴욕방문 맴버난다…"미국 일양 주위소 전 장기밀 차처"
- 7.16 시진핑, 미중 갈등 장 기화 속 '민심 잡기' 강 조
- 7.16 "中 남동중해준련, 대 만 겨냥 함동훈련 가능 성"…美 자극은 피해〈사 우스차이나모닝포스트〉
- 7.17 시진핑 "국제정세 불 확실…국가발전 도전 요 소 커저"
- 7.22 中매체 "한미훈련 학, 美 아태지역 전략에 악영향"〈제일경제일보〉
- 7.22 中매체 "차이양원, 지 룰 높이라 홍콩시위 美겨안 이웅"〈글로벌 타임스〉

누굴써 사에들 것

- 7.23 日대사 "한국, 10월 일왕 죽어사 전 비공개 특사 보내야"
- 7.25 日언론 "北아시오, 한 미훈련 전게 목소…트럼 프불터 분리 시도"〈도 쿄신문〉
- 7.29 日언론 "北, 판문점혀 동 무료 법행 계획…文 대통령 등장 안 할 듯" 〈교도통신〉
- 7.30 日 관방, 北 미사일 발사에 "미일 간 온도 차 없어"
- 7.31 트럼프, 판문점서 김 정은에 "비핵화시 북한 물폼 무제사"〈아사히〉

러…

- 7.20 유럽-이란, 호르무즈 유조선 충돌…헤럴의 초 대등 '억제'
- 7.23 "北급 ARF 의장 성명 초안에 '北 완전한 비핵 화' 촉구 포함"
- 7.24 러 대사대리 "영공침범 은 있을 수 없는 일…고 의 아니었을 것"
- 7.24 러 '韓 위협비행' 적반 하장…靑 "침범증거·재 발방지 약속하라"
- 7.25 러시아 당국 "北, 러 선착 앞선 나토는 불법… 영해 침범 안 해"

남한	북한	미국	중국	일본	기타
구멍"		속 개발中	예 北 무선네트워크 구축 유지 도와		
7.24 文대통령 "日 수출규제 힘 합쳐야...당당하게 해 나가겠다"	7.24 "北, 한·미훈련에 南 쌀지원 거부...정부 "北 공식입장 확인 중"	7.22 폼페이오 "실무협상 조만간 시작 희망...협상 목표는 北 비핵화"	7.24 중국군 "주권 인접 확고히 지킬 것...패권확장 도모 안 해"〈국방백서〉		
7.28 '北어뢰' 러시아 어선 승선 한국인 2명, 11일 만에 귀환	7.25 北, 리용호 외무상 ARF 불참 통보...북미 고위급회담 무산	7.23 트럼프 "北과 최근 '서신 왕래'...그들이 준비될 때 만날 것"	7.24 中 "남중국해 정세 안정 강조...美 군함임 영해 불법침입"		
7.29 'NLL 월선' 北선원 3명 전원 송환...오늘 오후 北에 인계	7.25 北, 원산서 동해로 단거리미사일 2발 발사...4300km이상 비행	7.23 폼페이오 "안전보장 제공준비...北核프로그램 해체 시 불가침확약"	7.25 中, 北 단거리 미사일 발사에 "북미, 조속히 대화 재개해야"		
7.29 잇몸이 하면 나오는 한국당 核무장론...당내서도 "신중해야" 지적	7.26 北김정은, 신형잠수함 시도무기 위태시위 지도?	7.24 美부사령관 "지상배치 MD체계, 北위협에 맞서기 위한 것"	7.28 중국군, 최신예 'J-20' 전투기 두부전구 배치..."대만 겨냥"		
7.30 검언협 "北미사일, 9·19합의 안 맞아"...경정화 '제재대상 소지'	7.26 대북제재에 지난해 북한 성장률 -4.1%...2년째 역성장	7.24 볼턴, 중러 KADIZ 진입에 "유사상황 긴밀 협의"...한일군제도 논의	7.31 中 국방부장 "대만은 중국의 일부...반드시 통일돼야"		
7.30 외통위서 'GSOMIA' 뜨거운 쟁점..."日 맞서 파기" vs "신중"	7.31 조선신보 "北군수함 통해...북미 고려한 메시지"	7.27 트럼프, 北 미사일 발사에 "연장지 않아...美에 경고한 것 아냐"	7.31 中정부, 8월부터 대만 개인여행 일시중단..."앙인만치 그려"		
	7.31 北, 미사일 고도 30km로 저각발사...요격회피·비행성능 시험	7.30 폼페이오 "실무협상 곧 재게 희망...北 자제 당...	7.31 WSJ "中 '가다리'		

8.1 한미, 방국서 부핵수석협의…"실무협상 개 가장 중요" 8.1 외통위 '중·러·일 군사적 위기 고조 행위 중단 촉	8.2 北 이틀만에 또 발사체 발사…합참 "동해상으로 2회 발사" 8.2 北김정은 태국대사, ARF 참석…미사일 실무협	8.1 美 중거리탄조약 탈퇴 강행에 러 평행선…군비경쟁 격화우려 8.1 '슈퍼매파' 볼턴 "北 미사일 발사, 김정은 약속	정상회담 계획 안 때 7.30 美 北미사일 발사 닷새만에 北군수공업부 소속 1명 제재 7.30 트럼프 "재선 승리하면 무역협의 이에 없을 수도"…중국압박 7.31 로이터 "美NSC 당국자, 지난주 DMZ서 北당국자와 접촉" 7.31 美태평양공군사령관 "2025년까지 아태지역 F-35 2200대" 7.31 美전문가들 "北발사, 위협보다 외교가속 위한 관심확보차원"	새정부…미중협상 전전다던 원인" 8.1 中언론 "한일 갈등으로 중국 반도체산업에 기회 왔다" 8.1 中왕이, 미중 무역협상 재개에 "양국 간 협의할	8.1 北핵실체 미일 온도차 부각…日 "美, 北단거리 미사일 용인 우려" 8.1 방일단, 日 1·20당 면담…"백색국가 배제 시…	8.1 獨, 美주도 '호르무즈 호위 연합체'에 "참여 안 해" 8.1 "안보리, 1일 北미사일 논의 비공개회의 소집"…

남한	북한	미국	중국	일본	기타
구 결의	상 메시지 주욕	위반한 건 아냐"	점 많아"	한미일 안보위협"	英메間 요청"
8.1 외교부 "현재는 GSOMIA 유지 입장...파기하면 日에 타격"	8.6 北외무성, 한미훈련 반발 담화..."새로운 길 모색할 수도"	8.1 美전문가들 "한일 갈등에 동북아안보 훼손 우려...美 나서라"	8.2 中, 北의 잇단 발사체에 "묵비 조속히 협상 재개해야"	8.2 (日 2차보복) 日閣議 "대항조치 아냐" 아세안대명과 같은 방식 취급...	8.2 美 러 이반 공방 INF 조약 결국 폐기...국제 해안 모 타격
8.1 서훈 국정원장 신중해 "GSOMIA 파기 신중해야"	8.6 北, 한미연습 개시 이틀 발사체 2발 발사...13일간 네 차례 쏴	8.1 폼페이오 "한일, 갈등 완화할 길 찾길 희망한다"	8.3 中푸잉대사 "美 INF 탈퇴 우려...中정부 염려으로 삼지 말라"	8.2 외신, 日 「韓배색국가」 제외 신속노도...첨단소재 업 공급상 영향"	8.2 나토 "러시아와 군비경쟁 안 해...유럽에 해미사일 배치 않을 것"
8.1 강경화, 中에 한일 갈등 상황 설명...中 "지유무역 중요"	8.8 北조국평통, 한미훈련 무기도일 비난..."南, 값비싼 대가 치를 것"	8.2 트럼프 "9월 1일 3천억달러 中제품에 10% 관세 부과"	8.8 中매체들, 美 일부 연일 비난..."中은 덤비 첫 수교"〈CCTV〉	8.4 "트럼프, 아베에 北 단거리미사일 발사 '용인'의사 전달"〈교도〉	8.3 ARF 의장성명 채택..."북미 DMZ회동 환영 협 상재개 고대"
8.2 정부 "日조치, 한일관계 근간 흔들어...즉각 철회 촉구"	8.9 北, 47일만에 또 최고인민회의 소집...정세교차 속 정책기조 주목	8.2 '단가라는 문제없다'는 트럼프...北과 실무협상 재개에 무게	8.12 中매체, 연일 대미 공세..."美기은 소바지, 무역전쟁 피해자"〈인민일보 등〉	8.4 日, 獨 스나谷 전시관에 中 공동 '업부'...성노예는 모순"주장	8.9 러 폭격기, 美 캐나다 방공식별구역 진입...F-22 출격해 차단
8.5 文대통령 "남북경협으로 평화경제 실현해 日 따라 잡을 것"	8.11 北, 홍콩사태에 "외부 세력 간섭 노골화...中정부 전적 지지"	8.6 美 中 환율조작국 전격 지정...G2 환율전쟁 포성, 세계경제 파장	8.15 중국 "미국 9월에 일부 기반세 강행하면 대응할 것" 경고	8.6 日 아베 "한국이 일방적으로 협정 위반하며 국제조약 깨" 주장	8.16 밤북 러시아 외무차관, 최선희와 회담..."한반도 정세 논의"
8.9 文대통령, 美국방 접견 "한미동맹, 북미협상 성공 뒷받침해야"	8.16 北조평통, 文대통령 경축사 비난..."南과 다시 마주앉을 생각 없어"	8.7 트럼프 "한국, 매우 부유한 나라...방위비분담금 인상협상시작"	8.17 中전문가들 "미국이 촉발한 미중갈등, 뭇정제 쇠퇴시킬 것"	8.7 아베 만난 美국방 "中, 국제규칙 위협"...北과비핵화 목표 강조	8.17 WSJ, 중러 군공기 한반도 주변 첫 출돌에 "美 인내 시험"
8.16 靑, 北발사체 관련 긴급 NSC상임위 개최..."☆	8.17 北 "이제 새무기 시험 시각"..."주목 불민 것 장난 업무 못 내자" 8.17 北신문 "위력시위는 정당..."☆	8.8 폼페이오 "북한과의 협☆	8.18☆		8.17 EU "北미사일, 한반도☆

대통령도 모르쇠야

- 8.19 文대통령 "대북제재는 일 줄여야…남북미, 기회 꼭 살려야"
- 8.21 김상조 "지소미아, 막판까지 고민…정용문제 해결 궁금 日에"
- 8.22 김현종, 비건과 회동… "북미대화 곧 전개될 듯한 인상"
- 8.22 (지소미아 종료) 靑 '외교해법 외면한 日 안보 신뢰 잿단' 판단
- 8.23 홍남기 "지소미아 종료로 경제 어려움 쉽게 안하지 않을 수도"
- 8.26 정경두 "北, 미사일 발사대문비로 군사긴장 고조시켜"
- 8.26 통일부 유니세프 "北 모자보건 영양지원

韓美공조 숨고…상공소사야 도록 떠밀야"(민주조선)

- 8.24 한미훈련 끝났는데도…日, 이들 들어 5번째 발사체 발사
- 8.24 北신문 "美, 홍콩 시위 위해 노골적 간섭…内성상 억제 노려"
- 8.24 조선신문 "美, 안보두라 해법 준비해야 실무협상 가능"
- 8.24 北조선중앙통신 "제재 해제와 나라의 전략적 안전 절대 교환 안 해"
- 8.25 北 "초대형방사포 성공 시험…김정은 '무기개발 다그쳐야'"
- 8.29 北, 英佛獨 '미사일 규탄성명'에 "대화시점만 막아지키 해"
- 8.29 北, 최고인민회의 개최…또 헌법 개정해 김정은 권능 강화

인내 지속

- 8.10 트럼프 "김정은 '한미훈련 종료 시 협상재개 희망…발사체도 논의 중"
- 8.16 WP "北, 신형 미사일 시험발사로 위협 수위 높이고 美 압박"
- 8.19 美, '핸안버' 언급하며 대만에 무기판매…미 중갈등 제재강화 조집
- 8.20 페스·폼페이오 "中, 일국양제 약속 지켜라…홍콩문제 압박"
- 8.23 美 지소미아 종료 반발…폼페이오 "실망"·국방부 "강한 우려"
- 8.23 CNN "악화하는 한일 싸움 승자는 北中·트럼프가 韓역열 무시"
- 8.26 트럼프, 김정은 친서 언급하며 "한미훈련 필

나 主장

- 조
- 8.19 中 '사상사 기준금리' 인하로 경기둔화 대처…증시 급반등
- 8.20 中 화웨이, 日무역상 안 내…'일방주의 반대' 전염
- 8.21 베이징에 모인 한중일 외교장관 '3국 협력 필요' 한목소리
- 8.22 中왕이 "북미 간 합의 소중이 여겨야…정치적 해결 진전돼야"
- 8.27 시진핑, 미중 갈등 장기화 대비 '신양암 얻고 레이드' 주문
- 8.29 中 주광부, 러 중 군용기 독도 인근 한국영공 침범 부인

나 主장

- 8.8 日아베 총리 관저 앞에서 "NO 아베" 집회…"평화 역행에 항의"
- 8.9 日기업들 징구좌·中서 생산라인 亞시스트 증산 검토
- 8.10 日, 방위백서에 한국 의적 혈내…호주 인도 아세안 뒤 기술
- 8.15 촛전문가틀 "아베의 韓수출규제는 정치적 보복…꽃내도 부정적"
- 8.17 日아사히 "아베정권, 韓불신 없애려면 과거사 반성이 다시 발해야"
- 8.23 日아베 "한국이 국가 간 약속 지키도록 요구해나갈 것" 주장
- 8.24 日 주요신문, 사설 통

- 8.20 유엔, 北에 '남북축정' 강제실종 피해자 30명 생사확인 요청
- 8.21 대만, 2026년까지 美서 F-16V 66대 인수완료 희망
- 8.23 EU, G7 정상회의서 '디지트의 시장개방'에 집중
- 8.26 호주 전문가 "트럼프, 기존 자유주의 주도 질서에 큰 장애"
- 8.28 안보리, 北미사일 발사 논의…이번에도 英佛獨 北 규탄 성명

남한	북한	미국	중국	일본	기타
기 협력방안 마련" 8.27 김준형 외교원장 "韓美 동맹 공고히 중요하나 국 익에 앞설 수 없어" 8.29 외교부 "지소미아, 日 이 인보협력환경에 중대 변화 초래해 종료" 8.30 文대통령 "日 언제라도 대화의 장 나오면 기꺼이 손잡고 협력"	8.31 北김정은, 운전관광지 구 건설장 시찰…'자력갱생 정신' 강조 8.31 北최선희 "북미대화 기대 점점 소실…모든 조치 재검토할 상황"	요하다 생각 안 해" 8.26 트럼프 "조만간 中과 진지하게 협상 시작…합 의할 것으로 생각" 8.27 트럼프, 철도 거론하 며 "北 엄청난 잠재력… 김정은도 알아" 8.27 '중국 이주 낮춰라' 美국방부, 소형드론독 희 류 자체개발 추진 8.27 조셉 윤 "지소미아 종 료, 韓美日 모두 책임… 美 적극 개입해야" 8.29 美, 日에도 첫 실망 표명…"韓 日 정부에도 지소 미아 우려는 또 발신 8.31 中, EU '홍콩시위 주 역 체포' 우려에 "내정간 섭 멈리" 반발		해 '지소미아 종료' 결정 비판 8.26 日아베 지지율 5%p 상승…日국민 65% "韓 백색국가 제외지지" 8.26 日아베, 트럼프에 무 역협상 '과주기' 논란…" 배경에 합의내용" 8.27 日아베, 또 한국 비 난…"신뢰 훼손하는 대 응 계속…약속 지켜라" 8.27 日백색국가 제외 시행 D-1…추가 규제 주시하 며 내부 다지기 8.27 日공산당위원장 "징용 책임 방기해 한일관계 악화"…아베 비판	9.6 이란, 핵합의 이행 3단
9.5 靑 "文대통령, 아세안 10개국 수방외교…한내발	9.1 北아베 "南, 정세 교착 이지야스 핵실"…므바죽	9.1 미중, 오늘부터 추가관 세…갈라지 215억 '유	9.1 中인민일보, 美 추가관 세 "기세 몰두이 지	9.5 일본이 전 외교관 "한	

외교 4강 수순	강' 연일 비난(우리민족끼리)	무역협상 난가류	국 설전 붓 싸아	성명에 있어	ㅜ /ㅜ
9.5 남북含 부총리, 러시아' 동방경제포럼' 행사상에서 젊은 대화	9.3 북중 외교장관 평양서 협력 공감대…한반도 문제 긴밀 소통 합의	9.5 美전문가들 "美, 한국에 중거리미사일 배치 요구하지 않아야"	9.2 中, 美이 중국산 제품 추가 관세에 WTO 제소	9.7 "한국과 함께 실지"…험한에 맞서 거리로 나온 타시민들	9.6 印국방장관 "北, 비핵화의 길 유지해야…대화가 유일한 해법"
9.10 靑 '정의용 주재 NSC 상임위 긴급회의 개최…北 발사체 논의'	9.3 北노매 "통일부, 대화 틀면서 우리 입장 깊이 새겨보라" 〈우리민족끼리〉 〈오늘의 조선〉	9.7 비건, 북미협상 실패 시 '韓日내 핵무장론' 거론…北中 동시압박	9.4 中양회, 北리수용 문제 논의	9.9 日 고노, 매주 이어 싱가포르 영자지에도 한국 비판 기고문	9.10 러-佛, 모스크바서 외교-국방 '2+2 회담'…"北 현안 논의"
9.10 靑 "北 단거리 발사체 발사 계속되는 데 강한 우려"	9.8 北노동신문 "적대세력에 한걸음도 양보 시 백보 물러서게 돼"	9.7 트럼프 "비핵화가 北 체제안전 보장…北 약속 이행 희망"	9.5 왕양 부정협위, 北送 일전선 대표단 만나 '협력 강화' 강조	9.10 일본 정부 "北발사체, 日 안보 영향 확인 안 돼"	9.11 유엔, 콩구조단체의 대북 의료물품 지원 허용
9.11 NSC 상임위 "北 협상 재개 의사 주목…비핵화 조기달성 노력할 것"	9.9 北최선희 "美와 9월 하순 용의…새 계산법 가져와야"	9.12 트럼프 "볼턴, 北에 리비아 모델 언급한 건 큰 잘못…처럼 받아"	9.6 中류허 "경제하방 압력 높지만 도전 이겨낼 자신"	9.11 日아베 새 내각, '우익축' 대거 중용…한일 관계 추가악화 우려	9.11 메르켈 "중국과 경제협만 아니라 인권문제 대해 필요"
9.16 통일부 대북식량지원 "WFP-北, 실무협의 제대로 안되고 있어"	9.10 北, 10번째 단거리 발사체 2발 발사…내륙횡단 최대 330km 비행	9.13 美국무부, 北 대화의향에 "고무적" 환영…"비핵화목표는 그대로"	9.12 中 왕이 "미ㅡ, 북미 협상에 자제 위해 설절	9.14 日 국가안전보장회의에 아베 측근' 기타무라 임명	9.12 佛정보기관 "北경제주 정 해킹조직, 각국 정부기관 사이버공격"
9.16 강경화, '트럼프 평양 초청' 천서 보도에 "확인된 바 없다"	9.16 北, 북미 실무협상 앞두고 '체제 안전 제재 해제' 요구	9.14 美재무부 "北감쪽중국 통제외는 러시아 등 3개 해킹그룹 제재"	9.14 中 외교부 "한반도 정세 긍정적 신호…북미 서로 노력해야"	9.18 日, 인보관련 기업 60 지구까지 강화…中 겨냥 기술유출 방지 포석	9.14 EU-영불독, 이란에 핵합의 이행 촉구
9.17 국방부·유엔사, '유엔 조정실 역할확대' 이견조율 본		9.17 폼페이오, 日의무성에 "北 FFVD 재확인"…한일	9.16 리커창 '中경제 '6% 이상 성장' 지속 매우 쉽지 않아"	9.22 "아베 옛 비서 외교 담당 요직에"…실패한 동교로 모이 측근으로	9.17 5차 라-터키-이란 정상회담…시리아 사태 정치적 해결 강조

남한	북한	미국	중국	일본	기타
각 척수	9.18 北노동신문, 연일 美 외교정책 비난~中과 러 더 어 중동 유럽까지	건설적 대화 강조	9.23 왕이 "중국은 국가주 권과 발전이익 굳건히 지킨 다"	9.22 日외무상 "韓 한일관 계 기초 뒤집어" 주장…대북 연대는 강조	9.20 탈바 트럼프 "네타냐후, 여 차레 잘못된 정보로 트 럼프 속여"
9.17 파주 재래식별 전파경 모든느…"북한서 유입' 기능 성에 무게	9.20 태영호 "北 빼았긴 사 화주의…물질주의가 변화 가져울 것"	9.18 트럼프 "재선 후 무역 협상 합의되면 조건 中에 훨씬 나쁠 것"	9.25 中, 지스소미아 종료 결정 직접 한일갈등 중재 의사 靑 전달〈아사히〉	9.23 교도 "일본, 5~9월 발사 北미사일데도 2차 이상 탐지 실패"	9.25 유엔 사무총장 "북미정 상회담 전적으로 지지"…미중 충돌엔 우려
9.18 김선철 "北과 재래식별 협력 긴밀히 이뤄지지 않 아"	9.20 김정은, 시진핑에 답 전…"전략적 선택된 조중 친선 공고 발전"	9.18 스틸웰 "韓日 심각 안보협력 증진 위해 마다 한 노력 쓰고있어"	9.25 中왕이, 유엔총회 의 장 만나 "일방주의 반대 개도국 이익 수호"	9.23 일한의원연맹회장 "징 용문제, 日기업 부담 생 기면 응할 수 없어"	9.26 "푸틴, 나토 등에 중거 리미사일 금지 제안 담은 서한 보내"〈크레믈 린〉
9.19 한선주 "지스소미아 는 정몽된 선택…한미동 맹에 지장"	9.20 조선신문 "불턴 제거 는 잘된 일이지만 좀페이 오 남아있다"	9.18 "외전한 비핵화 정의 미국과 해동결 '점정 합 추진해야'(미전문가 들)	9.26 中, 美의회의 "강력 반 단 법안 통과에 "강력 반 대"	9.25 아베, 유엔 연설서 '조건 없는 북일 정상회의' 의욕 재차 강조	9.26 EU, 북한에 비핵 화·CTBT 서명 비준 촉구
9.22 CNN·NYT, 母子 사 망 사건 통해 '탈북민 어 려움' 조명	9.20 北김영철 '트럼프 '새 방법' 환영…협상 결과 낙관하고 싶다"	9.19 뽀쪽바없 새 국가인보 보좌관에 오브라이언…" 함을 통한 평화"	9.27 정세현 "中 리커창, 지난네 文대통령에 단 등~서울 고수철 제안"	9.30 日 소비세 인상 앞두 고 사재기…자동세를 등 제도 어리워 준선	9.27 러 외무 "북미 대화 중단 남나가·~러 '행동계 획' 체택 기대"
9.23 강경화 "美, 北 재재해 제 안전보장에 열린 자세 로 협상할 것"	9.22 北, 북미협상 임박 속 대남 비난 재개…"한반도 정세악화 책임"	9.19 해겨 마사 "영변은 북 핵의 심장…비핵화되야 만서 시작돼야"	9.28 中 왕이 "정치적 해결 기회 놓치선 안 돼" 북미 대화 촉구		9.28 美러 외교수장, 유엔 총회 계기 회담…"북한 핵 통제돼 등 논의"
9.24 文대통령 "3차 북미회 담 눈앞…비핵화 진전 따 라 北인도적지원 확대"	9.26 "北, 북미협상서 인전 보장 내세워 비핵화 속도 조절 기능성"	9.20 뽀트문가 "외국 무리심은 韓日문제들, 결국 미국의 문제"	9.30 中왕이, 키신저와 회 담…"미중관계 세계 평화 발전에 중요"		9.29 CTBTO 총장 "북미합 의에 핵실험금지조약 비준 포함돼야"
9.24 文대통령·트럼프, 확대 정상회담 진행…비핵화 도		9.20 미이흐 저 뽀구문			

맹공화 논의							
9.24 韓美정상 "한미동맹, 동북아 평화 해심속…추호도 흔들림 없다"	9.27 北김계관 "북미정상회담 전망 밝지 못해…트럼프 용단 기대"	독도 인접 먹구상한도 위험한 생각"					10.2 종리 수교 70주년…美 엄낙 맛선 시진핑 푸틴 밀월 기슈
9.25 文대통령 "전쟁불용안 전보장·공동번영…北美정상 한걸음 더"	9.29 北규엔대표부 "美 아무것도 얻지 말르단…대담한 결단하라"	9.21 트럼프 "이 나라에 일 아닌 가장 좋은 일은 김정은과의 좋은 관계"					10.2 EU, 北미사일 발사에 "도발' 자제하고 협상 전 넘해야"
9.25 文대통령 "DMZ, 국제평화지대로 만들자…유엔이 구주제 평화유지"	9.30 北조선중앙방송 "G7 회의서 일방적인 대북제재 반대 선언 체택"	9.25 美단교, 트럼프 '우크라 의혹' 탄핵조사 돌입…대선 초대형 뇌관					10.3 유엔 대변인 "北돈도미
9.25 길이어 美해군총장 첫 방한…"한미 해군, 동북아 평화에 핵심"		9.26 조셉 윤 "트럼프, 선거 전 북미정상회담 원할 것…평양 갈수도"					
		9.30 미중 금융전쟁 조짐 속 뉴스다, 中기업 규제 강화					
10.1 文대통령 "남북 화해협력 이어지는 평화의 길…군이 그 곰 지켜"	10.1 국제조사단 "北스담 종결된 집단넘 남측…돌려대내야"	10.1 美국방차관 "美, 동시 병행조치 준비돼 있어 …대북제재도 강조	10.1 시진핑, 건국70주년 열병식서 "평화통일의 일관 양침 범전 견지"		10.1 日수출규제 '지승자비'…한국보다 일본 수출에 더 타격		
10.1 靑 "북미실무협상 합의…비핵화·평화구축 실질 진전 기대"	10.1 北조선의회 통해 북미관계 개선방전 기속 기대"	10.2 美국무장관보, 북미실 무협상 앞서 中 엄바 "제재지행 더 결하길"	10.2 北미·서유럽·아태지역 국민들, 중국의 부정적 여론 높아(아미국 퓨리서치센터)		10.2 日에세 "北판도미사일, 유엔결의 위반…美 국제사회와 연대"		
10.2 "…통일해야 한다" 인식	10.1 北조국통일연구원, 남	10.2 美연합 "北 실무협상			10.2 日방위성 "한미일, 동		

남한	북한	미국	중국	일본	기타
50.8%…2년 새 11%p로 인도 하락"(국민의당연구원)	북핵문제 교착국면에 '남 측 책임' 강조	전 미사일 발사는 협상 우위…점하려는 것 "〈NYT〉	10.2 中, 北미 대화 재개 촉구…"정치적 해결 지 지"	북미 인정 위한 3국 협 력 중요성 확인	사일 유엔결의 위반…매 우 우려"
10.2 靑 "北, SLBM 시험 가능성…북미협상 재개 前 발사에 강한 우려"	10.2 北, 실무협상발표 13 시간 만에 SLBM 추정 제 발사…'기세몰' 기념	10.2 美국무, 北미사일 발사에 "모발 자제하고 협상에 전념" 촉구	10.6 '순망치한' 북중 수교 70주년…시진핑·김정은 전략적 밀담 과시	10.4 美日 국방장관 통화 "北 발사, 외교공간에 도 움 안 돼…중단해야"	10.3 국제해사기구 "北 미사 일 발사 사전통지 못 받 아"
10.2 외교부 "비핵화 실질 진전 때까지 안보리 결의 충실 이행"	10.2 北, 외무성 신임 미국 담당 국장에 조철수 임 명	10.3 美 "한미일 함참의장, 동북아 평화 위한 다자 간 협력 활용 합의"	10.8 류허 中부총리 방미… 10~11일 워싱턴서 미 중 고위급 무역협상	10.4 日방위상, 北미사일 발…美 새 미사일 요격 체계 필요성 강조	10.4 英佛獨, '北 SLBM 논의' 안보리 4일 소집 요구
10.2 통일부, 北 '정세교착 南책임론'에 "이견 좁힐 방안 계속강구"	10.3 北 SLBM '북극성-3 형' 길이·직경 커져…신 형 중국 'JL-2' 닮아	10.3 美, EU 농산물 등에 정벌적 관세…中과 무역 전쟁 이어 전선 확대	10.8 '대만 단교 후 中과 수교' 솔로몬제도 총리, 중국 방문	10.7 日전문가 "美, 北에 단계적 비핵화 제안 가 능성…이내 협상 재개"	10.4 푸틴 "北미대화, 평화 적 해결 희망 기대…트럼 프 신뢰해야"
10.4 "딜북미 891명 거주촌 명…경찰 신변보호담당관 제 실효성 의문"	10.3 김정은, 신무기 실험 이래처 불참…배합달 암 박하며 '수위조절'	10.4 트럼프, 北SLBM 발 사에도 "北, 대화하겠다 해…곧 그들과 대화"	10.8 中 "北미 인내심 갖 고 계속 대화해야"	10.7 日 "美中 北미 협상결 과 설명 듣와…北미프로 세스 계속 지원"	10.6 러 의회 인사 "北미, 협상 계속해야…러시 중 세 도움 될 수도"
10.4 청와대 "DMZ 국제평 화지대 구상 실천방안 조 기 수립"	10.6 北미 실무협상 결렬… 北김명길 "미국 번손으 로 나와"	10.4 조셉 윤 "北미핵화, 단계적 방법밖에…조치 취 함수록 실행기능성↑"	10.9 中전문가 "무역협상 앞두고 중국기업 제재, 정략적 蜂撤상전략"	10.8 日 美 정상통화 원하는 일본, 대화내 야선 충돌 '우제' 우려	10.7 스웨덴 "北미협상 건설 작…다시 만나면 더 많은 논의 이뤄질 것" 〈로이터 통신〉
10.6 외교부 "북미 실무협상 진전 없었지만 대화 모멘 텀 유지 기대"	10.6 北노동신문, 북중수교 70주년 맞아 "새로운 높 이에서 천선발전 의지"	10.5 트럼프 "미나사냥" 불구, 北 무언가 하고 싶어해…만남 미련중"	10.9 中, 美의 '신장 인권 문제' 관련 中업지 비자 발급 제한 강력반발	10.9 '北이어선 위협' 단정인 한 日, 북일관계 고려 " 충돌영상 공개 안 해"	10.7 폴란드 외교장관 "北의 ICBM 언급, 국제사회에 잘못된 시호"
10.7 정세현 "北, 올해 중	10.6 北 "자력갱새 앞장서	실어해…만남 미련중"			

美테도변화 유도 위해 비 량핵 전술"	10.6 브룩스 '전시권 전환 후 美 방위 주도' 주장 에 "동의 안 해"	회 실채의 조치 전 협상 할 의욕 없어"	비핵화 위해 미·중 동등 한 역할 해야"	北담화에 뜨성무 美성무 수뇌 협의실향 중요"
10.7 靑 "북미협상 평가 아 직 일러…대화 門 완전히 닫힌 상태 아냐"	10.6 北 "참의적 아이디어 를 가져가 좋으 논의"… 北 '반손 비판' 반박	10.7 靑 "북미협상 평가 아 직 일러…대화 門 완전히 닫힌 상태 아냐"	10.14 中 리우노성, 단동 통해 北과 '변경 경제협 력' 강화 범진	10.11 日 하루아마 전 총 리 "가해자는 잊어도 피 해자는 이픔 못 잊어"
10.8 외교부 "北 SLBM 대 응항 안보리 이사국과 긴밀 협의"	10.6 촛불민주들 "북미 협 상 결렬, 양촉 긴다 좀 하기 어려운 보여줘"	10.8 北쿠웨대사, '北 SLBM 안보리 소집에 "조사 나올 것" 반박	10.18 리커창, 미중무역위 대표단에 "중국 개방의 문 더 커질 것"	10.12 日언론 "北, 정부직 원 1/3로 줄이는 구조조 정 시작" <아사히신문>
10.15 文의장, 러 상원의장 에 "비핵화해야 인인' 북 한 설득해 달라"	10.8 北 美 中기관·기밀 28 곳 체재 지정…'위구르 족 등 인권관	10.8 北에베, 南정부 美부 가구매 비난…文대통령 도 우회 거론 <우리민족 끼리>	10.21 중국 국방부장, 남북 고위급 잇따라 만나 협 력 강조	10.16 이베 "참물 北아선 위반 마합인"…日정치권 강경대응론에 반론
10.18 文대통령, 오늘 주한 외교단 초청 리셉션…비 핵화 협력 등 담부	10.9 김정은, 무역협상 앞두고 홍콩·대만 위구르 '정외' 카드로 中 압박	10.9 차번트 北 노동당 창건일…코앞에제 '김정 은 유일영도' 강조	10.23 中국 "남북한, 대화 와 협상으로 관계 개선 해야"	10.30 아베, 文대통령 모친 상에 위로전…한일관계 맞물려 주목
10.21 김연철 '비군사목적 DMZ 출입, 유엔사 허가 근거 미흡…보안해야"	10.9 美 "비건, 韓日과 완 전한 비핵화 한반도 평 화 긴밀 조율 재보인"	10.14 北, 세계대학 추세 는 교육 강조…"주임시 에서 사고력중심으로	10.25 中인민일보 "중국 성 장률 둔화…경제 체질 개선 신호"	
10.21 한중 "국방장관 상호 방문 해군공군 직통전화 추 기설치 추진"	10.9 '트럼프식 대북접근법 한계…빈핵' [빈핵이] 벳대북의 고립 고립 '수' <아		10.26 WSJ "中, '반도체 굴기군' 34조원 펀드 설 립"…반도체 굴기 포석	
10.22 文대통령 '통일後 담			10.28 노벨생학들 "中 서방	

10.8 유엔총회 EU, 북미 실무접촉 결렬에 "대화 노력 계속해야"
10.9 안보리, 北 SLBM 논의…유럽 6개국 "명백한 제재위반" 규탄성명
10.11 "러 외무차관-비건 美 대북특별대표 통화"…북미협상 논의한 듯
10.15 주북 러 대사 "미국 양자협의 단계 후 다리 도 참여해야"
10.23 유엔사 "대한민국 주권존중…DMZ 책임관련 보도 부정확"
10.25 유엔총회 군축위원회 에 '北核 결의안' 3건 발 의

남한	북한	미국	중국	일본	기타
당한 주러국 되면연 강한 안보능력 갖춰야	10.15 北, 대북협상 난항 속 중러와 '군사밀월' 가속 노림	〈틀랜티〉	흡수 美中 결별 아닌 무역대안 필요		
10.24 정세현 "北 금강산 南 시설 철거지시는 대미·대남 압박전술"	10.16 김정은, 백마 타고 박두산행…"미국이 강요한 고통에 인민 분노"	10.12 트럼프 "미종 실질적 1단계 합의…15일 대중관세 추가인상 보류	10.29 미중갈등 속 北 끌어당긴 중러, 410억 원 규모 무상원조		
10.24 文대통령, 친서에서 "믿은 동북아 평화위해 협력할 중요 파트너"	10.16 北, 화폐해법대 연합훈련 지속에 "북침연습 속 대화 붙가"	10.12 폼페이오, 美통맹구축 사례로 '강비해쳐 위한 전 세계 공조' 거론	10.30 유엔서 中위구르 탄압 비판하자…中대사 "무역협상에 도움 안 돼"		
10.24 韓中총리 "긴계악화 방지 안 돼…文대통령, 친서로 조기해결 당부"	10.19 北노동신문 "민족자존은 곬어도 지켜야 할 명줄…자력갱생 강조"	10.14 "美, 北에 던진 '참 조직 제안'은 식단금지 수출금지 유보"	10.31 中, 폼페이오 '中공산당 비판'에 "신뢰 훼손 행위 멈춰야"		
10.24 강경화 "개인 北관광, 제재대상 아냐…통일부 허락합지의 문제"	10.21 북한 "한미, 한반도 문제 새로운 해결책 제시해야"	10.16 美국방차관보 "中이 건설적 협상 일원 되도록 압박 가해야"	10.31 中 4중전회 "인류 위한 금종" 시진핑 체제 한층 강화		
10.25 文대통령, 北 금강산 조치에 "국민정서 배치…남북관계 해손우려"	10.23 김정은, 금강산관광 비판…"南에 의존한 선 입자들 매우 잘못"	10.17 스틸웰 "北인보보이해 고려할 것…美보장장·북핵 교환 설득 중요 뒤야"			
10.28 정부, 北 시설 철거 요구에 "금강산서 남북 실무회담" 제안	10.23 北, 南 먹거지 中에 리브로…금강산 투자유치 가속	10.17 헤리스 美대사 "한미 동맹은 인도-태평양 안정의 핵심축"			
10.30 태영호, 탈북민단체		10.22 트럼프 "北에 대한 매우 휴미로운 정부 인			

설림…"北주민, 스스로 정권 바꾸게 도와야"	10.24 김계관 "美, 연말 지해롭게 넘기나 보고파…의지 있으면 길 열린"	다…닪은 일 진행 쭝"
10.30 김정화 "文대통령, 친서에 '한일정상 만남 희망' 피력	10.25 北 "금강산시설 철거 문서교환으로 논의하자"…南에 통지	10.22 NYT "트럼프, 언는 것 없이 세계 곳곳서 미군 영향력 포기"
10.31 이수혁, 방위비협상 "美요구, 어이어마한 숫자…연연할 일 아냐"	10.27 北김영철 "美, 정상간 친분 내세워 연말 넘기려 한다면 망상"	10.24 美, '김정은 금강산 南시설 철거지시' 민응 자제 속 촉각
10.31 NSC "北 단거리 발사체 강한 우려…배경과 의도 분석"	10.29 北초룡해 "한반도 정세 '중대기로'…美에 체제보장 촉구	10.27 스틸웰 美차관보 "지소미아, 한국에도 익…유지 위해 노력"
	10.29 北, 금강산관광 실무회담 제안에 "문서교환 방식" 재차 주장	10.27 美전략폭격기 B-52, 동해상공 작전…북중러 동시겨냥
	10.31 김정은, 文대통령에게 조의문 보내와…"깊은 추모와 애도"	10.31 美헤리티지재단 "북한, 대륙간탄도미사일 생산 능력 포기 안 해"
	10.31 北, 조의 하루도 안 돼 시각…盧 대통령 서거 때는 해심됨도	

남한	북한	미국	중국	일본	기타
11.4 국정원 "北CBM, 이동식으로 발사…고체연료면 위험성 요인"	11.1 北, 초대형방사포 연속사격…기술적 완성도 높이며 한미 압박	11.1 美北국자 "北미사일 발사 상황 주시…한일 동맹과 긴밀협의"	11.1 中 4중전회 홍콩민 족 잠여…"전례 없는 통제 시사"	11.1 日의원연맹 "한일관계 최대위기, 韓대법 판결과 韓정부 대응 탓"	11.1 고르바초프 "러시아와 서방 간 물리적·비물리적 정벽 안 돼"
11.5 김연철 "北금강산 시설 철거, 다와에 관광재개 촉구 의도"	11.5 北, 美 '테러지원국' 유지에 반발…"대화의 문 좁아지고 있어"	11.1 비건 美대북특별대표, 부상관 승인받는…북미 협상 계속 이끌 듯	11.2 외교걸속 속 中양제츠, 美 '일방주의·보호주의' 맹비난	11.4 日언론, 文-아베 조우 주목…"웃는 얼굴 대응 접촉" <교도통신>	11.2 유엔 대북제재위 의장국 독일, 北생산제덕 "안보리 결의 위반"
11.5 문재인, '韓기업+日기업+국민연금' 새 정몽피 해 해법 제안	11.5 北 외무성 조철수 국장, '모스크바 비핵신화'의 참석의와 바뀌	11.2 美테러보고서 "北 국제테러 반도지원"…전년 '위협' 표현은 빠져	11.3 중국, 지재권 침해에 '정벌적 배상' 제도 도입…내년 1월 시행	11.5 北China했던 日, 번하나…ASEAN회의서 "北 미사일, 결의위반"	11.4 러 상원 위원장 "北, 실제로 비핵화 합의 이행할 준비하고 있어"
11.6 정부, 금강산 2차 대북통지문…"시설점검단 보내겠다"	11.6 北, 한미공중훈련 개최에 "인내심 한계점, 지켜보지 않을 것"	11.2 폼페이오, 北비핵화 "전진 너무 더디다…몇달 내 좋은 결과 희망"	11.5 미중, 아세안서 패권 각축…RCEP 주도한 中 푸대접 저조된美	11.5 日언론 "한일 정상 방국 합의는 兩에 보여주기사" 깎아내리	11.4 RCEP 15개국 타결…보호무역 '격랑' 속 신남방정책 본격화 기대
11.6 김연철 "남북 미주하면 새 금강산 발전방향 찾을 수 있다"	11.12 北군엔대사, 美의 공동성명이행의 IAEA '北비핵화우려'	11.2 폼페이오, 北 방사포 발사에 "진에 해소한 것과 일치하는 로켓"	11.5 中리커창, 美인보보좌관 만나 "미중 서로 마주 보며 가야"	11.8 日, 北 '日상공에 미사일' 사태에 "안보리 결의위반" 비판	11.5 EU-독일, 이란 핵합의 준수 거듭 촉구
11.6 靑 "호르무즈·스트렐, 지소미아 방위비분담 협상 등 건설적 협의"	11.13 北, 베트남과 밀파사·노동신문 "응우옌게 소중해"	11.3 '中견제' 美 韓상납 방위체 점검 고리로 '인도태평양' 띄우기	11.5 中 시진핑 "경제 세계화 돌이 확대…보호주의 반대"	11.8 日산케이 '韓 정상환담 日 동의없이 무단 촬영" 억지	11.5 "EU, 한반도 문제서 정치적 중개인" 역할…내년 北방문도 계획
11.7 문정인 "美中 신냉전구도 우려…동북아 새 공동체질서 구성해야"	11.13 조선신보 "올해 3차 북미정상회담 안 열리면 대화 기회 사라져"	11.6 美스틸웰 아베 면담…"호르무즈 고무적인 신호"	11.5 中, 홍콩 통제 전면 강화한다…법체계 보완	11.14 日 외무성 前사무차관 "지소미아 종료 이해 韓 기부 이해"	11.8 러 외무 "南北정상간 혁적 행동으로 한반도 비핵화 협상 성공"

남한	북한	미국	중국	일본	기타
11.24 특별정상회의, '신남방정책 2.0' 발돋음 계기 주목	11.19 北김정은 "美 적대정책 철회 전 비핵화협상 검토 무지 않아"	11.14 美전문가 "美北, 올해 접정함의하고 내년까지 협상 이어가야"	쟁 원자치 않지만 필요하면 반격	11.23 '지소미아 종료 정지' 1면 머리기사로 전한 일본 신문들	해결하려는 롯데코가 핵협상 중단 원인
11.25 국방부, 김정은 해란포 사격자지에 "군사합의 위반…유감"	11.19 김정은, 몸고기 가공장 시찰…"수산업 인민생활이자 활전투력"	11.18 트럼프, 김정은에 빨리 행동해 합의 이뤄야…근 보자!	11.22 시진핑 "중국몽은 패권몽 아냐…누군가를 대처 안 해"	11.25 日하지 "한국군 독도 훈련은 日을 적극 삼는 것…자제해야"	11.22 조국反 대통령 "북미 3차정상회담, 인사서 한다면 대환영"
11.25 韓-아세안 특별정상회의 개막…文대통령 "아세안과 세계의 미래"	11.19 北김정은 "美, 적대정책 철회 안하면 대화 어째기도 힘듬"	11.19 갈루치 "北, 한미훈련 연기로 자기 폐 마신…기회 놓칠 수도"	11.23 中외교무장 "미국, 글로벌 붙안정의 최대근원" 맹비난	11.26 한일협력독, 아베 면담 불발…"도쿄 개최 맨 머면 했으나…"	11.22 러 외무 "모든군로 차관-최선희 부상, 한반도 정세 노의"
11.26 문정인 "文정부의 '1+1+α'가 기장 합리적 정용 해법"	11.21 최선희 "대북 적대정책 계속되면 북미 정상회담에도 흥미 없어"	11.20 美, 北 잇단 담화에 "트럼프, 상과포 도발에 전념 드립어"	11.25 中, 홍콩선거 친중파 참패에도 "캐리 람 확고히 지지"		11.23 상가포르 총리 "전략적 파트너 한-아세안, 협력 심화 이정표"
11.26 한-아세안 공동 비전 성명 채택…"보호무역 반대 韓中협력 촉진"	11.21 김정은 한-아세안 회의 참석 불발…北 "이유 못 찾아"	11.22 美 바이든 "트럼프, 으로부터 우리 소외시키고 北 원하는 거 다줘"	11.26 불붙는 미중 갈등…中, 美대사 초치해 홍콩 개입 중단 촉구		11.23 베트남 총리 "한국-베트남 관계 격상 희망"
11.26 한중일, 16차 FTA 공식 협상…"RCEP보다 높은 자유화 목표"	11.22 北 "기업 실질적 경영권 보온해야…자율성 확대하나"	11.22 美국강등 고조 속…美해된, 남중국해서 또 항행의 자유 작전	11.27 中 14차 5개년 경제계획 마련 착수…"성장목표 강조 안 할 것"		11.23 러 외무 "미일 군사통, 새로운 러일 관계 구축에 걸림돌"
11.26 김연철 "2032년 서울평양 공동올림픽 추진…北호응 희망한다"	11.22 北최선희 "우리의 대미 신뢰구축 조치에 받은 것은 배신감뿐"	11.23 NYT "트럼프, 韓에 터무니없는 방위비 구…동맹에 모욕"	11.27 '북중 갈등의 상징' 北러란봉우단 내달 방중공연 전격 중단		11.24 한마일 전문가를 대체로 "지소미아 유지 결정, 잘한 일"
			11.27 프게이오 "美 시장		11.26 마하티르 말레이 총

11.26 한·아세안 특별정상회의 폐막…"3대 미래청사진 ' 공동결과물 채택	11.26 北김성은, 서해 섬 타도서 해안포 사격 지도…"軍 군사힘이 위한"	11.26 중…통일한국 세계서 가장 흥미진진"	11.29 마크롱 "중 단거리 미사일 위협배제 금지 푸틴 제안 거부"
11.27 민주평통 여론조사기 국민 10명 중 7명 금강산 개별관광 찬성"	11.26 조선신보, 지소미아 연장에 "남북관계 전망 흐려져" 경고	11.26 "트럼프, 北과 전쟁 나면 3천만~1억 명 사망할 수 있다 생각"	
11.27 靑 "아세안 철고한 지지로 2021년 신남방정책 2.0 본격 추진"	11.26 北, 연평도 포격전 9주기에 포사격…軍, 강력항의	11.27 美CSIS 회장 "주한 미군 몸병 아냐…10억 달러도 괜찮은 금액"	
11.27 정경두, 北해안포 도발에 "선 넘지 않도록 관리…비핵화 중요"	11.27 北, '금강산관광 통로' 잠전항 재활성화 동향…정부 "예의주시"	11.27 美싱크탱크 "中, 북 핵 현실 순응하는 듯…대북압박 기대 많이야"	
		11.27 폼페이오 "中, 소수 민족 인권탄압 엄취아…무역분쟁 속 압박	
11.29 정부 "재소자 몸기능한 금강산 시설물 정비방안 구상 중"	11.28 北, 초대형방사포 추정 2발 30여초 간격발사…軍 "강원유감"	11.27 비건, 러 외무차관과 통화…北 최선희 방러 노의 공유한 듯	
11.29 국정원 "北초청리 음 직임 늘어…방사포 개량적: 도발강화 가능성"			
12.1 北, 무선틴 대북쌀지 원 '모니터링 비용' WFP서 회수 가능성	12.3 김정은, '연말' 앞두 고 또 백두산행…삼지연 재건축 준공식 참석	12.2 미중갈등 속 中, EU 에 "자유무역 함께 지키 자"	12.1 IAEA 차기 사무총장 北 핵개발 정보 언지 못 해 큰 공백
12.1 외다 도쿄大 명예교 수, 한일 양국에 '도쿄올 림픽 휴전' 제안	12.3 트럼프 "金 비핵화함 의 우용해야…언지 않지 만 무력 사용할 수도"		

남한	북한	미국	중국	일본	기타
12.2 文대통령 "아세안 지지, 한반도 평화프로세스 든든한 힘 될 것"	12.3 北, 연말시한 앞에 머 "크리스마스선물 엿될지 美에 달려"	12.4 2년 만에 '로켓맨' 꺼낸 트럼프, 무력사용까지 거론 '대북경고장'	12.3 미중 갈등 속 시진핑 "미국, 중국 러시아 내정 간섭해"	12.2 日아베 지지율, '벚꽃 행사 파문'에 6%P 급락한 42%	12.5 나토 공동선언 '중국의 도전' 명시…군은·군율 속 '집단방위' 재확인
12.4 한중, 서울서 외교장관 회담…"한중관계 원만한 정상화 공감"	12.4 北, 연말시한 앞두고 당 전원회의 소집…중요한 노선은 채택 가능성	12.4 트럼프 "北도 방위비 GDP 대비 4%로 늘려야"	12.3 中인민이보, 홍콩인권 법 제정 美에 닷새째 1 면 비판	12.3 도미타 신임 일본대사 "한일관계 해결 위한 가교 역할에 충실"	12.5 인보피, 北캄사체 비공개…이번에도 유럽 6 개국 北견탄 성명
12.5 통일부, 北중참모장 '무력 맞대응' 언급에 "모든 상황 예의주시"	12.4 北외무성 참사 "미국이 무력 사용하면 우리도 상응행동"	12.4 美국무부, 北 담화에 "트럼프, 상거래로 전진 의지 분명"	12.4 中양제츠, 美에 소통 강조…"홍콩은 中내정"	12.5 韓 피폭자들, 日 공항 장시간 억류사 해명 요청서 전달	12.6 IOC 위원장 "2024년 동계청소년올림픽 남북 공동개최 구상"
12.5 文대통령 "한반도 중재 기로…韓中협력은 안보 문제에 힘 될 것"	12.5 北노동신문, '백두선 등정'에 내부결속 총력…"빨치산 정신" 강조	12.4 美하원 지도부 "한국에 과도한 방위비 요구하는 것 우려"	12.4 美·中하원 위구르 법안 통과되자 "내정간 섭에 분개"	12.5 한일, 16일 도쿄서 국장급 협상…수출규제 갈등 '해법' 모색	12.6 국제형사재판소 "北 최고지도자에 대한 관할권 없어"
12.5 文대통령 "한반도평화 中지원 당부…양인 '평화 해결 역할 지속'"	12.5 北김계관 "직난 대화분위기로 관심 인기…올해도 계속 증가"	12.4 비건 "대북협상, 희망 한 만큼 진전 못 이뤘지만 포기 이룰 것"	12.4 中, 2025년까지 판 매차 중 25% 친환경차 로	12.6 日경산성 "수출규제, 일본이 결정할 일…협의 의제 아니다"	12.6 "2035년엔 北유럽 도시 제철이 북미+유럽 도시 보다 커져"
12.6 정부, 'WHO 北모자 보건사업' 5년만에 재가동…500만 불 지원	12.5 北 '트럼프 발언, 실 언이면 다행…의도적이 면 위험한 도전'	12.4 美하원, '위구르 법' 가결…홍콩 인권법 이어 中 추가 압박	12.4 中왕이 "북한의 안보 발전 관심사 해결돼야"	12.9 北증대사협에…日방위성 간부 "미사일 사정권 장 설험 가능성"	12.7 러 외무 "美 미사일 추가 배치에 지체 없이 대응할 것"
12.7 文대통령 金-트럼프 통화…비핵화 대화 유지 공감	12.7 北김임성종참모대장, 일 분여서 사선…올 8월 日 대화생략 첫 교류	12.8 트럼프 "北 적대행동 땐 놀랄 것…金, 개입 원치 않을 것"	12.5 中 정기덤더씨 '기차	12.10 신주쿠 韓인상인연합 회장 "침체 한인타운을 한일우호 상징거리로"	12.9 가디언 "최근 북미대치 심각…트럼프 및 북한 오판 우려" 사설

12.8 甬, 北 '중대 시험' 발표에 "…NSC 소집 없어"	12.8 北유엔대사도 對美 경고 가세…"비핵화, 협상 테이블서 내려져"	12.8 트럼프 "김정은 적대 행동하면 잃을게 너무 많아…사실상 모든 것"	…리커창 "고용안정 추가조치 필요"	12.11 "내년 봄말 관물계 관망객 4천만 명 목표 임은…韓 관광객 감소 영향"	12.10 "유엔 안보리, 11일 北 미사일 추가도발 시…미국식 요청"
12.9 "판 언제깼다더니…文대통령, 靑와 직접소통's 北슨 中통해 우회설득	12.8 北VS해밀사장, ICBM·인공위성 개발 '성지'…김정은 수차례 방문	12.9 北 中표의 美주재 정찰기 수 도쿄 비행…감시 강화	12.6 왕이, 한중 외교장관 회담서 美 중거리미사일 배치 거론	12.13 日정상장 "문제 해소 되면 원래대로"…수출규제 정상화 가능성 거론	12.11 中 외무장관 "북의 직접 대화 제건 촉진…北에 만 요구해선 안 돼"
12.10 韓·中·美 외교·국방장관 "北 긴장고조 중단·대화 재개 촉구"	12.9 北, 트럼프 경고에 "우리는 잃을게 없어…각종 멸종 고민해야"	12.9 美 전 국방장관들 "미국의 힘은 동맹에서 비롯…北 위험적"	12.7 시진핑 주재 정치국 회의 "내년 성장률 합리적 구간 유지"	12.14 0베 "한중일 정상회의 계기로 문재통령과 회담할 것"	12.12 안보리 소집 美 "北 도발 피해야" 경고…중러 "제재 완화해야"
12.11 정부 "남북관계와 무관하게 대북 인도적 지원 지속할 것"	12.10 北, 김정은 군사 외교 '업적' 내세우며 체제 수호 강조	12.10 美의회, 국방수권법서 中 견제…'제도차전 기버스 구매금지'	12.9 "미중 무역전쟁에도 중국 떠나는 EU기업 8% 불과"	12.16 한일, 오늘 도쿄서 국장급 정책대화…수출 규제 갈등해법 모색	12.12 주러 리 대사 "北 미사일 시험 자제해야…대화여지 제공 필요"
12.11 한·스웨덴 18일 정상회담…"한반도 평화 전략 소통 강화"	12.10 "北, 내년 북미 대화 가능성 열어두면서 '새로운 길' 모색할 것"	12.11 폼페이오 "北 억죄순 기대"…립브포프 "北애만 요구도 안 돼"	12.9 中, 연일 신장 뫄터러 다큐 방영…"서구, 테러엔 눈감아"	12.16 日국민 74% "정상 회담으로 한일관계 개선 되지 않아"	12.14 EU, '포스트 브렉시트' 협상 준비 박차…"어려운 과정"
12.12 김현종, 지소미아 종료 6분 연장에 "외교공간 만드는 카드로 활용"	12.12 北노동신문, 올해 경제 치적…"자력갱생으로 성장 이뤄내"	12.11 美 B-52폭격기 일본 상공 인근 비행·대북 '긴장경고' 가능성	12.9 추궈흥 "시진핑 방한 前 사드 불머사일 문제 해결해드림"	12.16 日 가지야마 경산성 "대화한 것이 하나의 진전"	12.14 주러 리 대사 "제재 틀에서 北 ICBM 발사·새로운 핵실험 가능성"
12.12 NSC "북미협상 재개 주변국과 협력…호르무즈 안보에 기여"	12.12 北, 안보리회의에 '적대행위' 반발…美, 결 발 내리게 해	12.12 美인대사나 "北, 도발 피해야"…美·유엔	12.11 마인밍보, 한중일 정상회의 청두 개최 대대적 보도	12.17 日신문 "정용 해법 문화상혹, 기부 강요금지 규정" 〈요미우리〉	12.17 ASEM 외교장관회의 "北, 비핵화약속 이행해야" 의장성명
			12.11 中학자 "제재 예외"		

남한	북한	미국	중국	일본	기타
12.16 文대통령 "평화지속 노력 담보…비건 포기 않고 초신"	12.13 38노스 "北 동창리 발사장서 10m 트럭 크 레인 추정물체 포착"	12.12 美성명 외교가 "한미 동맹 중요…외교안보 강 화" 결의의 통과	인정되는 北 관점문에 "한국 참여해야"	12.17 日 경산상, 수출규제 철회 요시 "거듭된 대화 필요"	12.17 중러, 안보리 대북제 재 일부해제 제안…남북 철도로주사업 포함
12.17 정부 "새해 북미협상 진전 불투명…중 러와 결 제휴력 강화"	12.13 北 '조선-유럽협회' 만들자, 브뤼셀 'EU 비 확산 군축회의' 참석	12.12 美컴룸가 "韓日군사 해소에 협신 더 닫은 美 직접 개입 필요"	12.12 중국 러시아 유엔데 사 "안보리 대북제재 완 화해야"	12.18 日 "수출대화 제기 韓과 대응살상무기 비확 산 협력 기대"	12.17 러-中, 안보리 제출 결의안 초안서, 6자회담 재개도 제안
12.17 정부, 제재이행 결의 안에 "상응 주시"…美 "시 기상조"로 온도차	12.14 北 "사람성으로 큰 힘 비축…美, 자극언행 삼가야 연말 폐해"	12.13 스틸웰 "北, 유엔스 럽고 무분별한 행동 안 따…변의의 길 있어"	12.12 中, 유엔 제재 속 라 오싱 '대북 전정기지' 활용 박차	12.19 日기시다 "위안부제재 단 해산된 韓재단이 장 제안 설득력 있나"	12.19 EU 집행위원장 "새 무역협의 타결 안 되면 英에 더 타격" 경고
12.18 통일부 "北, 연말 미 사일 발사 기능성 적어"	12.17 北 길나 만날 외면 '…못나건, 일본으로 떠나	12.14 트럼프 "중국과 매우 큰 1단계 협의…2단계 협상 즉시 시작"	12.12 中왕이 "세계 대격변 의 시기 지나는 중…중 국 주권 수호할 것"	12.21 日 수출규제 일부 완화에 日시민 "일본기업 수 고 줄어들 것"	12.19 EU, 대북제재 완화 결의안에 "北, 안보리 결 의 준수해야"
12.18 文대통령 "평화가 경 제…한반도 평화정착 시 제…새 도전공간 구축"	12.20 北, 김정은 군사위 '엄격' 파시하며 내부결 속 총력	12.14 美국방 "北 ICBM 개발 시도, 美에 직접적 위협" 경고	12.12 中 중앙경제공작회 의 폐막…"내년 적극적 재정정책 펼칠 것"	12.23 日무라자 70 % "양 보하면서 한일관계 개선 서두를 필요 없어"	12.24 인나가 北 대통강 막 주 수업?…주 평양 대사, 공장 방문
12.19 NSC 상임위 "북미대 화 모멘텀 유지…한중일 협력 확대"	12.21 北매체 "南 무능하도 지원 터렸은 불순한 광 고들음"〈우리민족끼리〉	12.16 비건, 北에 회동 공 개제안…"여기 와있고 北은 접촉방법 알 것"	12.13 中 "중이 무역협의는 국제사회의 비음"…1단 계 합의여부 미발표	12.23 "北김정은, 작년 2 월 ICBM 등 발사차량 양산 지시"〈교도〉	12.25 외신, 한중일 정상 ' 북미대화 재개 노력' 전 명에 주목
12.20 靑, 美비건 방중에 "북미 대화 모멘텀 유지 노력 다하고 있어"	12.21 北외무성 "북미관계 예비 국면…美, 인과까 지 문제 삼아" 반발	12.16 美국방 "트럼프, 중국과 무역전쟁에서 졌 다"	12.14 中 추천군기를 "1단계 무역합의는 일시적 화해 일 뿐"	12.24 日北 "대북제재 놓 고 한중러 vs 미일 3대 2 구도 기능사"〈마이니	12.26 러시아 "북한 아동 사 망률 감소 프로그램에 480만 달러 지원"
12.23 정부, 北중앙군사위			12.14 中 왕이 "1단계 미		

회의에 신중반응..."신년사까지 지켜봐야"	12.22 北, '당 중앙군사위' 軍 중심으로 재편...총리 등 빠진 듯	12.18 美대통령공군사령관 예 "신선문 장거리 에상...모든 옵션 테이블에"	12.16 시진핑, 캐리 람 지 지 재확인..."홍콩경찰 엄정한 법 집행하지"	12.24 아베 "북미 프로세스 최대한 지원...北 탄도미 사일, 심각한 위협"
12.23 文대통령 "북미대화중 단, 이룸지 않아"...서주석 "지역평화 촉진"	12.24 北, 김정은 최고사령 관 추대 28주년 맞아 자위적 국방력 주문	12.18 美 '비건 카운파' 北 에 손짓..."모든 옵션' 거론하며 국방력 주문	12.17 중국 "대북 제재 완 화하고 6자회담 재개해 야"	12.24 日 "수출규제 3개 품목 중 '일반포괄허가' 전환 대상 없어"
12.23 정부 "北 태풍피해 복 구에 20억 원 지원...인도 지원 지속	12.27 北노동당신문, 연일 타 국 위성통향 보도...뭘사 분위기 조성하나	12.19 트럼프 탄핵안, 역대 美대통령 세 번째 하원 가결...대선정국 요동	12.18 "中 EU에 FTA협 상 개시 촉구...EU, 홍 콩·위구르 문제 거론"	12.24 "중일, 시진핑 국빈 방일 성사 위해 갈등 임 시봉합"
12.24 리커창, '文대통령 東 포탈도중국동에게 "中도 韓 구상 응의"	12.29 北, 아세 노동당 제 7 기 제5차 전원회의 개 최...김정은 주재	12.20 비건-최선오후이 회 동...中 "북미 접촉 재개 희망"	12.19 "IMF, '미중 무역합 의' 후 내년 中 성장전 망 6.0%로 상향"	12.24 수출규제 "대화로 풀 자" 한일씩 다가간 韓日...강제징용 '평행선'
12.24 文대통령 '현충원 지유무역 수호해야-평화경 제 실현 기대"	12.29 "北, 러시아에 유류 연 수 비자로 노동자 재 파견 타진" (아사히신문)	12.21 트럼프 '시진핑과 무 역합의 좋은 대화'...美中 협력중인 北核 논의"	12.19 中, 제재완화 거듭 제기...美, 단합 강조 속 '북미대화 전진시켜야'	12.25 日 고바야시 "오랜만 의 한일 정상회담, 의미 있었다"
12.24 한중일 정상, 북미대 화 조속재개 노력키로...'10年비전' 채택	12.30 北김정은 "인전보장 위한 공세적 조치"...전 원회의 이틀째 진행	12.22 트럼프, 아베와 통 화..."北 '위협적 성명' 고려 긴밀 조율 게속"	12.20 中 리커창 "내년 더 큰 경제하방 압력...미 중일이 낙관론 경계	12.26 노골개인지신문 " 文대통령, 대북 中 협력 촐응구속...아베는 中 경 제"
12.26 文대통령 "北 비핵화	12.30 북 리선권, 당 전원 회의에 모습 드러내...건 재 확인	12.23 美 주러 정찰기 주 말 이어 또 한반도 비 행...대북 감시 강화		12.26 재집권 7년 아베 "

12.27 EU, 브렉시트 후 영국 EU규정 미준수시 금융시장 접근 차단"
12.28 EU집행위원장 "브렉시트 협상시간 촉박...전환기간 연기 필요"
12.30 "인도리, 30일 中 러 주도 '대륙제재 완화안' 비공식 논의"
12.31 EU 집행위원 "미국과의 무역 관계 재설정 노력할 것"
12.31 러 다시 "성장률 엄중하지만 북미 위기 이후 아직 막을 수 있어"
12.31 WFP '내년 5월까지 대북 인도적 지원에 1천 480만 달러 필요"
12.31 푸틴, 새해 5월 '러시아 전승 75주년' 행사에 日 아베 초청

남한	북한	미국	중국	일본	기타
실천 시 국제사회도 성응 하는 모습 보여야"	12.31 "자력갱생만이 살길 "…北 노동신문이 되돌아본 2019 12.31 '당 대회' 버금가는 北 전원회의…위기의식 속 '새로운 길' 의지	12.25 트럼프 "미중 무역협 상 1단계 합의 서명식 가질 것" 12.25 "올해 트럼프 트윗서 '북한 언급' 작년의 절반 수준" 12.31 폼페이오 "北, 대치 아닌 평화 향한 결정하는 길…면밀 주시"	12.22 中, 北노동자 일부 철수했지만 강력 단속엔 '난감' 12.24 中 왕이 "미국, 한반 도 문제 실질적 조치 내 놔야" 12.24 中전문가들 "北, 한 중 정상의 대화 촉구에 도움 받을 카키" 12.24 中 "한중일, 정상회 의서 외교적 방식 비핵 화 강조" 12.26 中 상무부 "美와 1단 계 합의 서명 등 후속작 업 소통 중" 12.26 中 랴오닝 이어 지 린성 지도부도 방북…지 방차원 협력 강화 12.30 中 단둥 대표단 北신 의주 방문…"새해에도 교류협력 강화"	12.27 "긴장감 놓지 않겠어"…'긴 장감 상실' 비판 12.27 미일안보조약 60주 년 제기 평양위상 외상 방미 추진 12.27 日 아베 정부, '北 납치피해자 2명 생존정 보' 은폐 의혹 12.27 NHK "北 미사일 바 다에 낙하 추정"…오보 내고 사과 12.28 日, 불법환적 의심 北선박 유엔 통보…작년 이후 15번째 12.28 日 나가타현 표착 '북한 배 추정' 목선 뱃 머리서 시신 7구 발견 12.29 日, '북한판 이스칸 데르 미사일 대응' 새 요격 시스템 개발 추진 12.29 "日 초구파서 꼬짓	12.31 유엔 "올해 한국의 대 북지원 900만 달러"…세 계 1위

12.31 "류허 中부총리 수랍 방떠"…미중, 내주 무역 협의 서명할 듯

집권 뒷받침"

현안진단 2019

비핵화의 진통, 흔들리는 평화

초판 인쇄 2020년 3월 25일
초판 발행 2020년 3월 30일

엮은이 평화재단
펴낸이 김정숙

기획 유미경
편집 이상옥 서은실 김호정 박선희
표지 디자인 조완철
마케팅 박영준

펴낸곳 정토출판
등록 1996년 5월 17일(제22-1008호)
주소 서울시 서초구 효령로51길7(서초동)
전화 02-587-8991
전송 02-6442-8993
전자우편 jungtobook@gmail.com

ISBN 979-11-87297-25-3 03340